왕과 사는 남자

황성구 장항준

단종과 엄홍도가 서로가 서로에게 희망을 찾길 바라는 제 마음 때문입니다.

가장 절망적일 때 가장 화려하게 피어나는 게 희망이듯

모든 걸 다 잃어버렸다고 생각한 단종과 엄홍도가 한 번쯤은 서로를 향해 웃으며

희망을 꿈꾸는 시간이 있길 바랐기 때문입니다.

절망에 빠져 허우적거릴 때마다 누군가 다가와 손을 잡아주길 간절히 바랍니다.

그 절망이 제 키를 넘지 않길 늘 바랍니다.

이 시나리오를 쓰는 동안 늘 다짐했습니다.

허우적거릴 때 올라탈 수 있는 뗏목에 대한 이야기를 쓰자고.

작가 황성구

우리는 모두
누군가의 뗏목입니다.

서문

제주 추사관에서 시작된 이야기입니다.

단종과 엄흥도의 이야기를 어떻게 풀어야 할지 고민하고 있을 때

제주도에 8년 동안 유배 왔던 김정희의 기록을 모은 박물관에 우연히 들렀습니다.

그곳에서 하나의 문장이 제 눈에 들어왔습니다.

「…가시울타리에 둘러싸인 유배지에서 제자들을 가르쳤다」

그 순간 비통한 심경에 빠진 왕과 나아질 리 없는 삶을 살아가는 평민들이

「가르침과 배움」이라는 교류를 통해 서로 희망을 찾는 이야기를 풀기로 마음먹었습니다.

사극을 쓸 때마다 바꿀 수 없는 역사적 사실에 제 상상력을 추가하는 게 두려워 망설이지만

이 이야기에 감히 도전한 것은

2026년 3월 8일 밤 8시 56분

종로구에서 영화감독 장항준

감독의 말

시커먼 초록이 부유하는 상념의 밤.

문이 열리고 소년 앞에 한 남자가 마주 앉는다.

한참을 바라보던 소년이 무겁게 입을 열어… 마침내 당부한다.

「부디 그대 손으로 강을 건너게 해달라.」

그리고 이튿날, 소년은 남자의 도움으로 마침내 돌아오지 못할 그 강을 건넌다.

기록된 역사의 문장들 사이, 그 빈틈에 끼워넣은 이 엔딩에 맞춰 우리는 상상해야 했다.

단 몇 줄의 기록이 미처 전하지 못한 것들.

차가운 활자가 전하지 못하는 인간의 온기와 형언할 수 없는 진심과 생생한 삶의 순간들을.

소년이 강을 건넌 그날로부터 568년 후,

우리는 소년이 건너가던 그 강에서 그날의 이야기를 담아냈다.

차례

용어 정리

· **~의 소리**: 화면 밖 인물의 목소리가 장면 위에 겹쳐 들리는 것
· **cut to**: 장면 전환
· **인서트**: 특정 장면을 짧게 삽입하는 것
· **몽타주**: 여러 장면을 이어 붙여 시간의 흐름을 압축하는 기법
· **디졸브**: 화면이 서서히 겹치며 전환되는 효과
· **프레임 아웃**: 인물이 화면 밖으로 사라지는 것
· **틸업**: 카메라가 아래에서 위로 올려다보는 촬영

각본

1. 오프닝

암전 상태에서 자막이 떠오른다.

[1452년. 병세가 악화된 문종이 우의정 김종서와 영의정
황보인에게 세자의 안위를 당부하며 숨을 거둔다.]

[문종 승하 후 아들인 이홍위가 12세의 나이로 왕위에 오른다.]

[이듬해, 숙부인 수양대군이 계유정난을 일으켜 조정대신
김종서와 황보인 등을 척살하고 이홍위의 왕위를 찬탈한다.]

[1455년 난을 일으킨 수양대군이 스스로 왕위에 오르고
이홍위는 15세의 나이로 상왕으로 물러나게 된다.]

[그로부터 2년 후]

자막 사라지면 암전 상태에서 들려오는 절규.
'만고불변의 역적은 지금 용상에 앉아 있는
수양이다!!!'

2. 수강궁 (침실, 복도, 마당, 일각) – 실내, 실외/아침

마당.

화면 밝아지면... 시뻘건 화로에 달구어지는 쇠고리가
피부에 지져진다. '으아아악' 고통에 몸부림치며
비명을 지르는 피투성이의 사내. 클로즈업. '전하,
부디 옥체 강녕하시옵소서!'

침실.

힘없이 고개를 떨구고 있는 앳된 소년의 슬픈 눈
클로즈업. 처소 밖 저 멀리서 사람들의 비명소리가
계속 이어지고 있다.

궐내 일각.

상왕의 침실을 향하는 대비되는 대신의 뒷모습.
그에게 머리를 조아리는 궁녀들.

침실.

처소 밖 비명소리가 들려오는 가운데, 대원반(큰
교자상)에 놓여 있는 12첩의 궁중음식들에서
모락모락 김이 피어오르고 있다.
그 앞에 앉아 무기력하게 고개를 숙이고 있는 소년.
그 위로 '상왕 전하'하는 소리. 그제야 고개를 드는
슬픈 눈의 어린 상왕 **홍위(17)**.
세상을 잃은 처연한 눈으로 궁중나인 **매화(32)**를
본다.

매화	(눈물 글썽이며) 드셔야 하옵니다....

마당.
국문을 받는 죄인들을 지나가는 대신. 침실

홍위	(초점 잃은 눈으로 힘없이) 상을 물려라.
매화	전하...

수강궁 복도.
보무당당하게 걸어가는 대신의 뒷모습 위로 소리가
들려온다.

홍위	(소리) 물리라 하였다...
매화	(소리) 드셔야 하옵니다 전하..

다시 침실.

홍위	물리란 말이다!

그때 문밖에서 들려오는 궁인의 목소리.

(소리)	상왕 전하, 도승지 한명회 왔사옵니다.

'한명회'라는 이름에 흔들리는 홍위의 눈동자. 초조한
얼굴로 어찌할 바를 모르는데...
다시금 밖에서 들리는 힘 있는 저음의 목소리.

'상왕 전하, 신 한명회이옵니다.'

홍위   (조금 떨리는 목소리로) 안으로... 드시오...

방문이 열리고 들어서는 버선발. 카메라, 그제야
얼굴을 비추면... 당당한 풍채와 차가운 눈빛의
한명회(42)다.

한명회   (그대로 선 채 홍위를 내려다보며) 벌써 이틀째라
           들었습니다. 어찌하여 상을 물리시는 겁니까?

홍위   ... 이제 내 차례라 오신 겁니까?

한명회   무슨 말씀이시옵니까?

홍위   ...이제 내가 저들처럼 비명을 질러야 할 차례냐
        말입니다.

밖의 비명소리를 묘한 낯빛으로 잠시 듣는 한명회.

한명회   상왕 전하. 상왕 몰래 역모를 꾸미려 한
           대역죄인들이오니 마땅히 비명을 질러야 할
           자들이옵니다. 그리고 상왕께선 죄가 없으시온데
           어찌 비명을 지르신단 말입니까?

홍위   ....

한명회   저들이 꾸미던 역모를 알지도 못하셨고 설령 안다고
           해도 묵인하지 않으셨을 겁니다.

홍위   그만하시오.

한명회   주상 전하는 그리 믿고 계십니다. 소신 또한

	그러합니다만...
홍위	....
한명회	(차가운 얼굴로 의미심장하게)... 혹여 아니
	그렇습니까.
홍위	... 나는 어디로 갑니까?
한명회	(가만히 보다가) 이제부터는 곡기를 채우십시오.
	(의미심장하게) 먼 길을 떠나셔야 하니까요.

무표정한 얼굴로 홍위를 가만히 내려다보는 한명회.
홍위의 눈에 체념과 무력감이 서린다.
그런 홍위를 안타까운 얼굴로 보는 매화.
한없이 나약한 홍위의 슬픈 눈에서 서서히 암전.

3. 영월 골짜기 – 실외/아침 맑은 눈의 노루.

이슬이 맺힌 초록의 나뭇잎 너머로 다섯 명의
사내들이 침을 꿀꺽 삼키며 노루를 지켜보고 있다.
그중 우두머리로 보이는 사내, **홍도(48)**. 조심스럽게
수신호를 하며 어깨에 멘 활을 천천히 꺼내 든다.
천천히 시위를 당기는 홍도. 조금 떨어진 곳에서 그의
아들 **태산(17)**도 천천히 활을 들어 시위를 당기기
시작한다.

막동아재	(속삭이며) 쏴.. 지금이여. 지금.
홍도	(신중히 겨누며 작은 목소리로) 조용...

막동아재	지금이여. 지금 팍 쏴버려야 된다니깐두루. (재촉) 지금지금...
흥도	(쏘려다가 집중이 안 되는 듯 짜증 내는) 망할 놈의 주둥이 좀! (하고선 다시 겨누는데)
막동아재	뭐 하는겨? 그냥 팍 쏴 제끼라니까.
흥도	(짜증이 확) 아! 아가리 좀!

아뿔싸! 소리가 너무 컸다. 파다닥 거리며 도망치기 시작하는 노루. 그와 동시에 활을 쏘는 태산. 화살은 아슬아슬하게 빗나가고. 노루를 쫓아 뛰는 흥도와 태산 그리고 사내들.

흥도	이런 씨부랄! 쫓아!

흥도와 사내들, 저마다 헐레벌떡 고함을 지르며 노루를 쫓는다.

막동아재	육실할... 배가 불러야 노루를 쫓지!
용이	노루를 잡아야 배를 불리죠!
흥도	흩어져! (샛길로 뛰어가는 흥도)
윤노인	(헉헉거리며) 아이고, 잡히지도 않는 노루 새끼 똥구멍 쫓아다니다가 노인네 죽네..

숲길 일각.
흥도가 한참을 뛰어와 사방을 살피지만 어디에도 노루의 모습은 보이지 않는다.

| 흥도 | (헥헥대며 잔뜩 짜증이 난) 니미럴, 조용히들 하라니깐 촌장 얘기를 귓등으로도 안 들어. 육실할 것들이. 존경심이라고는 쥐 콧구멍만큼도 없는 인간들. |

그때, 저 멀리서 들려오는 외침.

| 막동아재 | (소리) 촌장! 어딨는 거여! |
| 흥도 | (확 짜증이 올라오는) 노루가 아니고 저 화상을 조져야 돼. 니미럴. |

한숨을 쉬고 다시 주변을 보는데 멀리 도망가지 않은 노루를 발견하는 흥도.

| 흥도 | ! |

숨을 죽이고 다시 활을 쥔 채 풀을 뜯어 먹는 노루를 향해 조심스레 발걸음을 옮기는 흥도. 심호흡을 하며 풀을 뜯는 노루를 향해 조심스럽게 활시위를 당긴다. 부들부들 떨리는 손으로 활시위를 놓는 흥도. 날아간 화살이 정확히 노루에 명중하는 동시에 휙 뛰어들어 노루를 공격하는 거대한 물체. 호랑이다.

| 흥도 | 와... 왕..이다.. |

순간, 크르렁 거친 숨결로 천천히 흥도 쪽으로 다가오는 카메라.

홍도	(공포의 탄식) 크아, 씨부럴!

하며 골짜기로 뛰어간다.
오로지 앞만 보며 필사적으로 도망치는 홍도.
죽기 살기로 도망치던 홍도. 정신없이 뛰다가 골짜기
아래로 추락한다. '으아아악!'

cut to.
햇살을 받으며 하늘하늘 날고 있는 나비를 따라
카메라 이동하면.. 골짜기 아래로 추락해 쓰러져 있던
홍도가 힘겹게 눈을 뜬다. 그제야 홍도를 발견하고
골짜기 위에서 내려다보는 사람들.

윤노인	(가만히 보다가) 거기 왜 누워 있는겨?
홍도	(사정을 말하고 싶지만 입이 떨어지지 않는다).. 으... 그것이...
막동아재	엔장, 다들 노루 잡느라 쎄빠지게 고생인데, 혼자 거기 처 자빠져서 자고 있는 거여?
홍도	(누운 채 손을 들어 올리며) 그... 그게.. 호..호랑.. 호랑...
윤노인	어릴 적부터 잠이 많았어. 다들 가자구.
태산	(가만히 보다가) 아버지 쉬다오세요..

일동, 시야에서 사라지면

홍도	(여전히 누운 채) 저.. 망할..놈의 화..상들... 하다가

정신을 잃는다.

4. 노루골 - 실외/낮

암전 상태에서 조금씩 들려오는 시끌벅적한 소리.
정신을 잃고 누워 있던 흥도의 미간이 조금씩
움찔거리더니 눈을 뜬다. 그런 흥도를 내려다보고
있는 긴 수염의 노인.

흥도   (아직은 비몽사몽) 어르신은 옥황상제요,
              염라대왕이요?
노인   기냥 늙은이요.

하더니 스윽 지나가 버린다.
흥도, 추락할 때의 통증이 가시지 않는지 끙끙
용을 쓰며 몸을 일으켜 주위를 보면…. 낯선 곳이다.
어디선가 날아오는 음식 냄새를 맡는 흥도.
몸을 일으켜 냄새가 나는 쪽으로 천천히 걸어가면.

마을 잔치라도 열린 것인지 여기저기 사람들이
옹기종기 모여서 웃고 떠들고 있다. 믿기지 않는 넋이
나간 얼굴로 걸어가며 풍경을 보는 흥도.
밥 짓는 연기 아래 새하얀 쌀밥이 수북이 모습을
드러내고,
고기 굽고 전 부치고 막걸리 흘러넘치고, 모자란

것 하나 없는 풍족한 풍경. 어안이 벙벙해 입을 딱 벌리고 말문을 잃은 흥도.

흥도 　　　　내가 죽은 게 맞기는 하구나. 극락을 다 와보고..

침을 삼키며 부러운 듯 쳐다보는 흥도의 등 뒤에서 들리는 소리. '깨어났구만.' 흥도, 돌아보면 중년의 사내(노루골 촌장)가 잔칫상에 앉아 손짓을 하고 있다.

노루골 촌장 　　골짜기 밑에 뻗어 있더니만 다행이구려.

흥도 　　　　아.. 고맙소..

노루골 촌장 　　근데 못 보던 면상인데, 어디서 왔소?

흥도 　　　　저, 저기... (방향 못 잡고 손 허둥대다가) 광천골에서 왔소.

노루골 촌장 　　광천골?

흥도 　　　　여긴 어딥니까?

노루골 촌장 　　여긴 노루골이오.

역시 처음 듣는 듯 갸우뚱~하는 흥도.

노루골 촌장 　　영월 골짜기에 촌락이 한두 군데도 아니구... 근데 어쩌다 여기까지?

흥도 　　　　노루를 쫓다가 호랑이가 덤벼드는 통에. (슬그머니 상 앞에 앉으며) 근데 무슨 잔치라도 열린 거요? 쌀밥에 고기에다가 술까지..

노루골 촌장   아, 오늘 우리 막내 아들내미 귀빠진 날이라...

노루골 촌장 옆 앳된 소년 한 명이 양 볼 빵빵하게
닭다리를 뜯고 있다.

노루골 촌장   (행색을 살피며) 좋은 날인데 같이 한 잔 하시오.
고기도 좀 자시고.

눈앞의 음식들을 보고 눈이 뒤집혀서 허겁지겁
정신없이 먹는 홍도.

노루골 촌장   천천히 드시오. 음식은 넉넉하니...
홍도   이게 어찌 된 일입니까? 다른 데는 사람들이 쫄쫄
             굶어 아사 직전인데.
노루골 촌장   뭐, 그럴 일이 있소.
홍도   그럴 일? 뭣이요? 대체 그럴 일이!
노루골 촌장   (의미심장하게) 어느 날.. 긴 수염의 노인네가 우리
             마을에 왔소.

5. 노루골 촌장의 증언 - 실내, 실외/낮

영월군수와 관군들에 호송되며 말을 타고 노루골에
들어서는 긴 수염의 양반.
마을을 바라보는 양반의 착잡한 시선과 양반을
바라보는 마을 사람들의 착잡한 시선이 교차하면 그

위로 들려오는 촌장의 목소리.

노루골 촌장　(소리) 형조판서였소. 한양에서 떵떵거리던 양반이 이 첩첩산중 두메산골에 유배를 온 거지.

집에서 쫓겨나며 울며불며 촌장에게 대드는 사내들과 여인들. 옆에서 울고 있는 아이들. 쩔쩔매는 촌장에게 원망 섞인 고함치는 마을 노인들. 툇마루에 앉은 채 삿대질하며 짜증 섞인 얼굴로 이것저것 지시하는 양반.

노루골 촌장　(소리) 그 양반이 살 집도 내줘야 했고, 없는 마을 살림에 매 끼니 고기 밥상도 차려 줘야 했고, 때 되면 관아에 가서 잘 있다고 보고도 해야 하고, 처음엔 아주 죽을 맛이었소. 게다가 이 망할 놈의 양반이 아직도 지가 고관대작인 것 마냥 마을 사람들을 종처럼 부리는데, 에휴~

식사가 마음에 들지 않는지 상을 엎어버리는 양반(이하 대감), 마을 한가운데를 뛰어다니는 닭을 가리킨다.
잠시 후 먹음직스러운 닭백숙이 차려지면 다리 하나 탁~뜯어 입에 넣는 대감. 붉으락푸르락한 얼굴로 지켜보는 촌장.

노루골 촌장　(소리) 근데 어느 날부턴가... 뭔가 오더라 이거야.

6. 광천골 느티나무 아래 — 실외/낮

노루골 촌장에게 들은 얘기를 광천골 사람들에게
전하고 있는 흥도.

막동아재   (호기심 가득한 눈으로) 뭐가?

흥도   (의미심장하게) 당.나.귀!

막동아재   당나귀? 거 뭔 소쩍새 똥구멍에서 오줌 나오는
소리여?

7. 노루골 촌장의 회상

한가득 짐을 싣고 있는 당나귀가 뚜벅뚜벅 걸어오고
있다.
카메라, 빠지면 노루골에 줄지어 오고 있는 당나귀
행렬이 보여진다.
짐을 부리느라 정신없는 마을 사람들 뒤로 대감과
인사를 나누는 양반이 보인다. 끊임없이 부려지는
짐들. 먹을 것, 입을 것, 읽을 것...풍족하다 못해
넘쳐흐르는.

흥도   (소리) 짐들을 한가득 실은 당나귀가 줄을 지어
노루골로 오더라는 거야. 고기며 쌀이며, 곶감에다
비단까지! 한양의 양반들이 촉이 좋잖아? 형조판서
이 양반이 곧 조정으로 복직될 거라는 걸 직감한

거지!

화면 바뀌면 아이들을 모아 글을 가르치고 있는
대감의 모습 위로.

홍도   (소리) 그리고 하두 심심하니까 이 양반이 애들을
가르치기 시작했대. 장원급제에 성균관 출신이라
까막눈이었던 마을 아이들이 금세 천자문을 떼고
논어, 공자, 맹자. 쪽집게 과외를 제대로 받은 거야.

노루골에 휘황찬란한 가마가 놓여진다. 관복으로
갈아입은 대감이 가마에 오른다.

홍도   (소리) 그 뇌물 바친 양반들 촉대로 얼마 지나지 않아
다시 한양으로 올라갔고. 똘똘한 머리 큰 아이들도
데려가서 글공부를 시키더니 과거에 급제시키고...
고놈들이 지금 한양에서 한 자리씩 하고 있다네.

노루골로 입성하는 노루골 출신의 젊은 관리. 노루골
촌장에게 큰절을 올린다.
풍악이 울려 퍼지고 기뻐하며 덩실덩실 춤을 추는
사람들.

홍도   (소리) 한마디로 마을에 금맥이 터진 거지!

8. 다시 광천골 느티나무 아래 - 실외/낮

믿기지 않는 눈으로 이야기를 듣고 있는 일동. '금맥...'

홍도	그래, 그 금맥이 우리 광천골에서도 터질 수 있는 것이지.
용이	어떻게요?
홍도	얼마 전 왕을 쫓아내고 새로 왕이 들어서서 한양이 난리가 났는데... 귀양 올 양반들이야 차고 넘치지 않겠어? 그중 한 명이 이곳 영월 땅으로 유배를 온다는 거야.
윤노인	누가?
홍도	엄청난 고관대작이겠지. 큰 갓에 지긋한 긴 수염에다가 떡 벌어진 풍채.
막동어멈	오면 뭐해요? 또 노루골로 갈 텐데..
홍도	아니지! 무슨 수를 써서라도 그 대감을 우리 광천골에 오게 만들어야지. 일단 그 양반 잘 모셔지게 되면 그다음엔 이 양반, 굴비마냥 줄줄이...
막동아재	(마른침을 꼴깍 삼키며) 굴비...
용이	맛있겠다...

모두가 혹하는 상황에서 '안 돼요'하는 소리. 일동, 돌아보면 함평댁이다.

함평댁	내 태어난 곳이 유배지였어요.

놀라는 흥도와 마을 사람들.

함평댁 양반들이 귀양 왔다고 뉘우치고 정신 차릴 것
같아요? 허구헌 날 술 취해 아녀자 희롱하고
조금이라도 배알 꼴리면 관아에 일러바쳐 마을
사람들 경을 치게 만들고... 안 당해본 사람은 몰라요.
치가 떨린다니까!

일순 어두워지는 마을 사람들. 상상만 해도 끔찍하다.

막둥아재 그래, 유배 온 양반 살 집도 줘야지, 밥도 해줘야지,
수발도 들어야지, 도망가나 감시도 해야지! 그렇다고
뭐 나라에서 돈을 주기를 하나, 상을 주기를 하나..
허이구, 만약 양반이 잘못되기라도 해봐, 마을이 경을
치지!

흥도 어허! 내 이 두 눈으로 똑똑히 봤다니까. 노루골에서.
고깃국에 흰쌀밥에, 다들 배 터지게 먹고 있더라니까.
거기다 닭에, 돼지에, (손짓으로 묘사하는) 흰쌀밥에서
씨발 김이 모락모락... 밥이 어찌나 새하얗고
기름기가 아주 촬촬... 막말로 우리 마지막으로 쌀밥
먹은 게 언제야?

일동, 마지막 쌀밥의 기억을 떠올려 보지만 도통
기억이 안 나는 듯하다.

흥도 한양서 양반이 오면 쌀과 고기를 실은 당나귀들이

	줄줄줄줄. 매일매일 흰쌀밥에 고깃국을 먹을 수 있다니까. (반신반의하는 이들에게) 배불리. 엉? 먹다 남은 건 막 그냥 다 버리고.
윤노인	한양 양반들처럼?
홍도	(고개를 끄덕이며) 한양 양반들처럼.. 남은 거 막 버리고.

일동, 조금씩 홍도의 말에 솔깃한 표정이다. 그때,
뒤에서 '저도...' 하는 소리. 돌아보면 막동이다.

막동이	(천진) 흰쌀밥.. 저도 먹어보고 싶어요. 한 번만이라도.
꼬마	나도..

막동의 말에 말문을 잇지 못하는 일동.

9. 영월 관아 앞 - 실외/낮

비장한 표정으로 관아에 모습을 드러내는 홍도, 그때
관아 앞으로 다가오는 한 사내를 보며 멈칫하다가
보면, 노루골 촌장이다!
홍도 보고 반가운 표정으로 손 흔들던 노루골 촌장.
무언가 이상한 기분에 홍도의 위아래를 훑으며 잠시
생각에 잠긴다. 설마 하는 표정...퍼뜩!

노루골 촌장	이 인간이...!!!!

그때, 갑자기 흥도가 노루골 촌장 뒤를 가리킨다.

흥도 　　　조심해!!

노루골 촌장이 흥도 말에 뒤돌아보는 순간, 흥도가
관아 안으로 냅다 튀어 들어간다. 놓칠세라 뒤쫓아
달려가는 노루골 촌장.

10. 영월 관아 안 - 실외/낮

영월군수가 마당에서 안절부절 서성이고 있다.
그때 경주를 하듯 헐레벌떡 마당으로 뛰어드는
흥도와 노루골 촌장.

흥도 　　　군수 나리!
노루골 촌장 　　나으리!
영월군수 　　쉿...쉿!!

노루골 촌장과 마당에 한데 어푸러져 실랑이를
벌이던 흥도. 거칠게 노루골 촌장을 밀치더니
헐레벌떡 영월군수에게 다가온다.

흥도 　　　군수 나리, 긴히 말씀드릴 것이 있습니다!
노루골 촌장 　　(흥도를 밀치고) 제가 먼저 말씀드리겠습니다.
영월군수 　　조용히 하라고 했잖아! (안에 눈치 보며) 제발 쉿...쉿!!

29

노루골 촌장	그럼 제가 조용히 말씀 올리겠으니 나리는 듣기만 하십시오.
흥도	제가 먼저입니다 나으리. 제가 두보 먼저 왔습니다.
영월군수	(귀찮은 듯) 알았다. 네가 먼저 해봐라. 대신 조용히..
흥도	저희 광천골 촌락 안쪽에 위치한 청령포란 곳입니다. 아십니까?
영월군수	광천골은 어디고 청령포는 또 뭐냐?
흥도	(자랑스러운) 군수님도 모르니 얼마나 외진 곳이겠습니까? 영월 땅 중에서도 아주아주 골짜기에 위치한 촌락이 광천골이고, 광천골 중에서도 제일 안쪽 끄트머리에 자리 잡은 땅이 청령폽니다.
영월군수	그래서?
흥도	아주 오지 중의 오지. 쥐새끼도 길을 잃고 한번 들어오면 오소리도 길을 찾지 못해 나갈 수 없는 곳.
영월군수	(귀찮고 짜증이 나는) 무슨 말이 하고 싶은 게냐?
흥도	그러니까 제 말은... (영월군수 똑바로 보며) 이곳이 유배지로 최적의 장소라는 말입니다.
노루골 촌장	(끼어들며) 나리, 이 자가 지금 수작 부리는 겁니다! 우리 영월 땅의 유배지는 지금껏 쭈욱 저희 노루골이었습니다. 이제 와서 바꾸다니요. 천부당만부당합니다.
흥도	(간절한) 나으리...

두 사람을 보며 잠시 생각에 잠기는 영월군수.
장화 신은 고양이의 간절한 눈으로 그런 군수를 보는
두 사람.

영월군수	유배지는....
흥도, 촌장	(침을 꼴깍 삼킨다)
영월군수	노루골로 한다.
흥도	나으리, 제 설명을 한 번만 더 들어보십시오.
영월군수	충분히 들었다. 이제 그만 돌아가라.
흥도	(가랑이를 잡고 매달리는) 나으리! 제 얘기를 한 번만 더 들어주십시오!
영월군수	(군졸들에게) 여봐라! 이 자를 관아 밖으로 끌어내라.

군졸들에게 사지가 들려 쫓겨나는 흥도.

흥도	(몸부림치며) 나으리! 나으리! 한 번만 더 기회를 주십시오!

그때 드르륵 방문이 열리며 '왜 이리 소란이냐.'하는 소리. 일동, 돌아보면 대청마루로 나오는 한명회.

영월군수	(허리 숙여 황급히 고한다) 송구하옵니다. 미친 자가 소란을 피워서 쫓아내는 중이었습니다.
흥도	(이때다 싶어) 미치지 않았습니다. 나으리! (쪼르르 달려와 문 앞에 무릎을 꿇고) 소인은 영월 전직 호장이었던... 광천골 촌장 엄흥도라고 합니다.
영월군수	(군졸들에게) 뭣들 하느냐! 이놈을 빨리 끌어내지 않고!
한명회	멈춰라.

홍도를 잡던 군졸들이 움직임을 멈추고.

한명회   엄홍도... 그래, 너는 왜 그리 마을이 유배지가 되길
              원하는가.

홍도   전에 영월 관아의 호장으로 나라의 녹을 먹은 적이
              있어 나라에 그 은혜를 갚고자 합니다.

허겁지겁 품 안의 종이를 꺼내 바치는 홍도.
한명회, 종이를 펼치면 산세와 자연이 기록된 지도다.

홍도   청령포, 이곳은 찾기도 쉽지 않을뿐더러 설령
              찾더래도 사람이 드나들기도 쉽지 않은 곳입니다.
              오소리가 길을 잃고 너구리도 환장해 졸도하는
              오지의 섬! 육지 안의 섬! 땅이 모래땅이라 먹을
              것도 안 나고 여름엔 습하고 모기떼 천지에, 겨울엔
              강가에서 냉기가 올라오고 절벽에서 한기가
              내려오고 사람이 지내기엔 아주 죽을 맛인 곳입니다.
              그리고 청령포 뒤쪽에 우뚝 솟은 육육봉 골짜기엔
              호랑이도 삽니다!
한명회   그래서?
홍도   (거침없이 말을 이어 나가는) 사람이 죄를 뉘우치기에
              이만한 땅이 없습니다. 없는 죄도 생각해서 뉘우치게
              만드는 곳입니다. 어떤 대역죄인이 오건 이곳이
              지옥이구나 절규하며 통한의 눈물을 줄줄 흘리게 될
              것입니다.

홍도의 말에 다시 지도를 유심히 보는 한명회. 지도에
그려진 청령포와 근방의 산세 클로즈업.

11. 검각산 정상 - 실외/낮

동강을 중심으로 한 아름다운 풍광이 드론샷으로
보여지다가 카메라, 아래를 비추면... 강에 둘러싸인
청령포의 모습이 보인다.
산 정상에 서서 청령포를 내려다보고 있는 한명회.
그 뒤로 서 있는 홍도, 영월군수, 10여 명의 군졸들이
한명회의 말을 기다린다.

한명회	(청령포를 내려다보며) 이곳을 유배지로 지정한다.
홍도	(기쁨에 겨워) 감사합니다. 나으리.
한명회	(의미심장하게) 감당할 수 있겠느냐. 누가 오든 말이다.
홍도	(신이 나서) 물론입니다요. 나으리.
한명회	내 한 손엔 칼을, 한 손엔 상을 들고 다시 너를 찾겠다. 둘 중의 무엇이 너에게 향할지는 너 하기에 달려 있다.
홍도	믿고 맡겨 주십시오! 제 목숨을 걸고 뭐든 해내겠습니다!

12. 청령포 배소 - 실외/낮

배소(유배자의 거처) 안으로 들여오고 있는 자재와
물품들. 지붕 위에 너와를 올리고 있는 인부들.
마을 사람들도 이것저것 집기들을 나르며 분주하다.
그 사이를 다니며 지시하는 홍도. 대단한 완장이라도
찬 듯 유세를 떤다.

홍도   어어.. 거기 말고 이쪽으로~
         (지붕 위의 인부들에게) 어허! 조심조심.. 한양서
         엄청난 대감이 오시니까 한 치의 실수도 있어선 안
         된다구.

지붕 위의 인부들과 막동아재 홍도의 꼴값에
못마땅한 표정의 마을 사람들. 마뜩잖은 표정으로
너와를 올리는 용이. 윤노인과 함께 고사리 손으로
너와 한 장을 나르는 막동이.

막동이   근데 여기는 원래 뭐 하던 데예요?
윤노인   여긴 예전에 무당이 사는 집이었어.
막동이   (겁내며) 무당..!
윤노인   그러니 여기는 절대 들어오면 안 된다.
막동이   네.
윤노인   (여전히 실치는 홍도를 보며) 그리고 저런 어른이
         되어서도 안 된다.
막동이   네.

13. 광천골 마을 입구, 흥도 집 마당 - 실외/밤

신이 나서 아이처럼 깨금발로 폴짝폴짝 거리며 오는
흥도.
'배소는 착착 잘 지어지고 있고, 이제 대감만 오면
된다~대감 어서 오십시오'하며 기괴한 세레모니를
하던 중 그대로 굳어진다.
카메라, 흥도의 시선을 따라가보면....
칼로 활을 다듬고 있던 태산이 황당한 얼굴로 보고
있다. 잠시 정적이 흐르다가.. 인상이 구겨지는 흥도.

흥도	하라는 글공부는 안 하고 또 그런 쓰잘데기 없는 짓을 하고 있는 거냐?
태산	(말 없이 활을 다듬는다) ....
흥도	(달래듯) 너는 5살 때 천자문을 떼고 8살 때 소학을 떼고 10살에 통감을 공부한 총명한 아이다, 그러니 이제부터라도 과거시험을 준비하여...
태산	아버지! 과거시험이 어떤 것인지는 아십니까? (답답한) 이 두메산골에 뭐가 있습니까? 사서삼경의 서책이 있습니까? 가르침을 줄 스승이 있습니까? 여기엔 지독한 가난과 산짐승밖에 없어요.
흥도	(달래듯) 조만간 한양에서 양반이 내려올 거다. 네가 공부도 배울 수 있고, 그러면 과거도 볼 수 있고. 그 양반의 눈에 들면 한양으로 갈 수도 있다는 것이지.
태산	(답답한) 양반이 우리를 구원해 준다구요? 그런 양반을 본 일이 있습니까? 낱알까지 뺏어가는 양반은

보았지만 백성을 돕는 양반은 본 적도 들은 적도
없습니다.

14. 수강궁 (처소 앞) 실외/낮

차가운 얼굴의 한명회가 지켜보는 가운데,
처소 앞에서 무릎을 꿇은 채 유배교지를 받고 있는
홍위. 의정부의 대신이 교지를 읽어 주는 모습 위로
한명회의 소리.

대신3 　　　죄인 노산군은 전하의 교지를 들으시오

15. 홍위의 유배길 실내, 실외/낮, 밤 경복궁 내 모처.

무서울 만큼 차가운 얼굴로 교지를 써 내려가고 있는
한명회.

한명회 　　　(소리) 역모를 꾀한 성삼문, 박팽년 등의 대역죄인을
　　　　　　능지처참하고 그 역모에 가담한 죄로 금성대군에게
　　　　　　유배형이 내려진 이후로도 크고 작은 반역의
　　　　　　움직임이 끊이지 않고 있다.

　　　　　　한양 저잣거리.
　　　　　　광화문 한가운데에는 죽은 이들의 머리가 효수되어

있다. 거리를 통과하는 홍위의 유배 가마와 군사들의
행렬. 무력감에 젖은 슬픈 얼굴의 홍위.
길바닥에 엎드려 가마를 향해 통곡하는 사람들과
우두커니 허공만을 응시하는 홍위. 그 위로 한명회의
소리 이어진다.

한명회 (소리) 작금에 상왕의 장인 송현수의 역모를 상왕이
인지하였음이 만천하에 드러났기에 정축년 유월
계축일 상왕을 노산군으로 강봉하고. 유형을 명하여
나라의 민심을 진정하게 하노라.

들판 어귀.
깎아지른 절벽과 산맥들... 굽이굽이 흐르는 강줄기...
들판을 가로지르는 유배 행렬. 흡사 상여 행렬 같은.
가마 위의 홍위는 긴 여정에 지칠 대로 지친 듯
고개를 떨구고 있다. 가마 옆을 따르던 매화가
걱정스러운 눈빛으로 홍위를 바라본다.

산길.
억수 같은 비가 쏟아지는 가운데 홍위의 유배 행렬이
길을 지나고 있다. 핏기 하나 없는 홍위의 얼굴이
안쓰럽다.

16. 광천골 강가 - 실외/낮

다 지은 배소를 강 건너편에서 바라보고 있는 마을
사람들, 만감이 교차하는 표정들이다.

윤노인 근데 누가 올까?

막동어멈 촌장님이 그렇게 노력하셨는데 괜찮은 양반이
오겠죠.

막동아재 아무래도 예감이 안 좋아. 농사도 허탕, 사냥도 허탕,
촌장은 허당, 이번에도 분명히 허탕이야.

흥도 초장부터 재수없게...
우리 마을의 생사가 달린 문제야. 모두들
경거망동하지 말고 정신 바짝 차려야 돼! 양반이
무슨 행패를 부리더라도 다 받아주고 그저 웃고 고개
조아리고...

함평댁 (내키지 않다가 마음을 고쳐먹고 끄덕인다)

바로 그때.

용이 저쪽에 누가 옵니다!

일제히 저쪽으로 고개 돌리는 사람들. 관군들의
행렬이 오고 있다. 금부도사와 영월군수를 필두로
나타나는 군사들과 가마.

흥도 ..금덩이다!

행렬 쪽으로 달려가는 홍도.
금부도사와 영월군수에게 허리 숙여 인사한다.
눈빛이 꿈틀대는.

금부도사   (영월군수에게) 강을 건널 것이 뗏목뿐이더냐.
영월군수   (지도 모른다, 홍도에게) 강을 건널 것이
            뗏목뿐이더냐.
홍도   예. 그렇습니다.
영월군수   예. 그렇습니다. (금부도사의 한심한 시선을 애써
            무시하듯 군사들에게) 강을 건널 준비를 하라! 가마를
            뗏목에 실어라!
금부도사   (일동에게) 나와 가마, 궁인은 뗏목으로, 나머지는
            헤엄을 쳐서 건넌다.
영월군수   (나도?)

금부도사의 명령과 함께 첨벙첨벙 강물로 뛰어드는
군사들과 마을 사람들.
비가 오지 않아 가슴팍까지만 오는 강물에 다들
안도하며 성큼성큼 강을 건넌다.

금부도사   (쭈뼛하며 옆에 서 있는 영월군수에게) 넌 뭐 하는
            게냐?
영월군수   (자포자기한 얼굴로 물에 들어가고)
금부도사   (홍도에게) 넌 뗏목을 움직여라.
홍도   예.

cut to.

가마를 뗏목으로 옮기고 있는 가마꾼들... 누굴까?
고개를 조아리고 있던 홍도가 힐끗 눈꼬리를
치켜세운다. 그 가마 위에 앉은 사내를 본다.

홍위가 금방이라도 쓰러질 것 같은 초췌한 몰골로
겨우 가마에 앉아 있다. 전혀 생각지 못한 유배자의
등장에 할 말을 잃는 홍도.

홍도   (마음의 소리) 수... 수염이... 없다..?

그때, 강 건너에 당도한 마을 사람들이 소리친다.
'준비됐습니다!'
강 건너에서 뗏목에 연결된 밧줄을 잡아당기면
스르륵 움직이는 뗏목.

홍도   (마을 사람들에게) 오늘 물살이 쎄니까 빨리 당겨!

긴 장대로 뗏목을 밀어내며 방향을 잡던 홍도가 슬쩍
다시 가마 안의 홍위를 본다. 긴 유배길의 흔적이
고스란히 묻어 있는 먼지 쌓인 옷과 땟국물 가득한
얼굴. 흔들리는 뗏목의 움직임에 맞춰 가마 위의 몸이
위태롭게 흔들린다.
매화가 안간힘을 쓰니 가마가 흔들리지 않게 버티고
있다.
여전히 혼란스러운 표정으로 바라보며 노(장대)를

젓는 흥도인데...
턱~!!! 물살에 밀려 물길을 벗어난 뗏목이 강 속에
있는 바위에 걸려 움직이지 않는다. 당황한 흥도가
뗏목 아래를 확인한다.

흥도   (태산에게) 더 세게 당겨라!!

마을 사람들이 안간힘을 쓰며 영차 줄을 당긴다.
힘껏 장대로 뗏목을 미는 흥도... 있는 힘껏 줄을
당기는 광천골 사람들과 관군들. 순간 뗏목 앞부분에
연결된 줄이 끊어지면서 뗏목이 갈라진다.
그와 동시에 강물에 빠지는 홍위와 가마.
그 바람에 일동 중심을 잃고 강물에 빠진다.

매화   전하!

모두가 허우적대는 상황에서 물속에 빠졌던 홍위가
일어나면... 가슴께에서 찰랑거리는 물살.
'나으리, 괜찮으십니까?' 여기저기 소리치는 사람들.
흠뻑 젖은 채로 우두커니 서 있는 홍위.
그 모습이 비참하고 초라하다.

17. 청령포 강가 - 실외/밤

횃불 든 군사들로 둘러싸인 청령포 배소 앞, 갈라진

떗목을 고치고 있는 마을 사람들.

막동아재	이상한데? 긴 수염의 고관대작이 아니라 애가 왔잖아.
윤노인	무슨 큰 죄를 졌길래 저 어린 것을... 그나저나 저 어린 양반이 누군지 아는가?
홍도	노산이라고 했습니다.
막동아재	노산? 어미가 늦은 나이에 낳았나?
윤노인	(짜증난) 이런 답답한 화상을 봤나? 노산. 성이 노가고 이름이 산이지. 노산.

떠드는 사람들 사이에서 혼자 생각에 잠기는 홍도.

짧은 인서트— 홍위가 강물에 빠지는 순간, 다급하게 '전하!'를 부르는 매화.

홍도	... 노씨가 아닌가? 성이 전이고.. 이름이 하인가?

18. 청령포 배소 (홍위의 방) - 실내/밤

호롱불이 희미하게 타고 있는 가운데 누운 채 잠이 들어 있는 홍위. 그런 홍위의 얼굴 위로 뚝뚝 떨어지는 핏방울.
홍위, 이상한 느낌에 살짝 실눈을 뜨고 천장을 보면... 허공에 매달린 발들이 눈에 들어온다.

홍위	!

홍위, 시선을 따라 위를 보면
밧줄에 묶인 채 피투성이가 된 산발을 한 사내들이
내려다보고 있다. '전하!'

성삼문	소인 성삼문이옵니다.
하위지	전하, 하위지옵니다.
박팽년	박팽년이옵니다.

으으으~ 공포에 질린 신음을 뱉는 홍위. 이어지는
사내들의 외침들. (이개, 유응부, 유성원)

성삼문	전하, 어찌하여 저희를 버리셨나이까.
하위지	어찌하여 저희를 버리셨나이까.
박팽년	전하!

매달린 사육신의 입에서 일제히 피가 폭포처럼
쏟아진다.

홍위	헉!

벌떡 몸을 일으키며 잠에서 깨어나는 홍위.

홍위	... 너무 괴로워하지 마시오...내가 곧 그대들에게 가겠소.

홍위의 얼굴 위로 한명회의 소리.

한명회   (소리) 달포를 견디지 못할 것입니다.

19. 한명회 집 - 실내/밤

대신들과 한명회가 모여 있다. 놀란 표정으로
한명회를 바라보는 대신들.

대신1   달포라니요? 노산이 자결이라도 한단 말씀이십니까?
한명회   지켜주던 아비가 죽고 따르던 신하들도 죽었습니다.
         왕 노릇 하던 자가 아비도, 신하들도 궁궐도 없는
         그곳에서 견디기는 쉽지 않을 것이오.
대신2   대감 말씀이 맞습니다. 그려. 허허허.
한명회   허나 잊지 마시오. 노산의 숙부이자 전하의 아우인
         금성대군이 노산의 지척에 있다는 것을.

20. 순흥 사대부 집 마당 - 실외/밤

은밀한 걸음걸이로 별채를 향하는 중년의 선비.
별채 문을 열고 안으로 들어간다.

21. 동 별채 ─ 실내/밤

널찍하고 기다란 방 안으로 들어서면 앉아 있던 십
수명의 사대부들이 일어나 예를 취한다. 그 사이를
가로질러 상석에 앉는 중년의 선비.
강직하면서도 기품이 있어 보이는 금성대군이다.

동지중추원사 (결기에 찬) 저희들은 대군마마와 함께 할
것이옵니다. 목숨을 바쳐 따르겠나이다.

근엄한 표정으로 그들을 지켜보는 금성대군.

금성대군 고맙소.

22. 청령포 배소 (홍위의 방, 마당, 대문 밖) ─ 실내, 실외/낮

창 너머로 아침 햇살이 스며들고 있다.
한잠도 못 잤는지 우두커니 앉아 창밖을 응시하고
있는 홍위. 그때 밖에서 들려오는 인기척.

매화 (소리) 기침하셨습니까? 식사를 준비하였습니다.
대꾸 않는 홍위인데.
흥도 (소리) 나으리, 보수주인 엄흥도이옵니다.
홍위 ....

방 밖. 소반을 들고 툇마루에 올라가려는 홍도. 슬쩍 방 안의 동태를 살핀다.

홍도 얼마나 경황이 없으십니까? 망할 놈의 뗏목이 바위에 걸리는 바람에.. (민망한 듯 슬쩍 웃고) 기력을 차리시려면 아침을 든든히 드셔야 합니다. 마을 사람들이 정성껏 차린 식사이오니 식기 전에...

홍위 (소리) ...물러가라...

홍도 예?

홍위 (신경질적인 소리) ....물러가라 하였다.

매화 (당황하는 홍도에게) 나으리의 심기가 불편하니 물러가시오.

홍도 내가 보수주인이오. 아침저녁으로 문안을 드리고 관아에 보고하는 게 내 임무란 말이오. 헌데...

매화 (단호하게) 물러가라 하시지 않소.

순간 쿵! 무언가 방 안에서 내던지는 소리와 함께.

홍위 (소리) 네 이놈! 내 말이 들리지 않느냐! 그 밥상 들고 썩 꺼져라!!

당황해하는 홍도에게 가라는 눈짓을 하고는 부엌으로 가는 매화.
뻘쭘한 홍도가 어처구니없는 표정으로 밥상을 들고 툇마루에서 일어선다.

홍도	(비아냥거리듯 속삭이듯 흉내) 네 이놈, 내 말이 들리지 않느냐. 썩 꺼져라. 꼴에 양반이라고 어린놈의 새끼가 싸가지가 싸가지가. (애써 다짐) 후, 그래.. 어떤 골질을 해도 그저 웃고 조아리고... 근데, 이걸 왜 안 먹어 이걸..

하며 가만히 밥상을 본다. 윤기가 자르르 흐르는
흰쌀밥.
마른침을 꿀꺽 삼키다가 잽싸게 주위를 살피고는
허겁지겁 먹기 시작한다. 꾸역꾸역 입안에 넣고
씹어대는데, 언제 나왔는지 매화가 홍도를 가만히
보고 있다.

매화	(한심한 얼굴로 보며) 그러다 볼따구니 터지겠소.
홍도	(양 볼이 빵빵해진 채 부정확한 발음으로) 오해요... 오홰.. 누갸 잘못 보면 먹댜 걸린 줄 알겠네. (계속 쳐다보니 억지 너털웃음) 허허허. 내가 봐도 오해할 만해.

기가 막힌 매화와 민망한 홍도.

대문 밖.
반쯤 먹은 밥상을 들고나오던 홍도가 강을 건너가는
군사들의 광경을 본다.
뭔 일인가 싶어 두리번거리다가 금부도사를
배웅하고 있는 영월군수에게 다가가는 홍도.

흥도	무슨 일입니까? 군사들이 왜 물러나는 것입니까?
영월군수	몰랐느냐? 원래 유배지를 지키는 것은 군사들의 일이 아니라 보수주인의 일이다. 매달 초하루와 보름에 보고 잊지 말고, 사소한 것도 낱낱이 죄 일러라.
흥도	(자신에게 다짐하듯) 여부가 있겠습니까?

23. 저잣거리 - 실외/낮

자신이 만든 활과 짐승의 가죽을 길바닥에 널어두고
앉아 있는 태산. 문득 지나가는 젊은 선비에게 눈길이
머문다.
서책이 든 보따리를 들고 가는 선비가 부러운 듯
잠시 보고 있다가 부질없다는 듯 고개를 떨구는데...
양반들이 소곤거리는 소리가 태산의 귀에 들려온다.

(소리)	들었나? 상왕께서 영월 땅에 유배를 오셨다네.

멈칫하는 태산. '상왕이라니...!'

24. 광천골 마을 입구 - 실외/낮

망태를 메고 가던 막동아재와 막동어멈.
밥상을 들고 오는 흥도를 보고 쪼르르 달려간다.

막동어멈	어땠어요? 음식이 입에 맞으신대요?
홍도	손도 안 대더라구.
막동아재	뭐? 손도 안 대? 우리가 주린 배 곯아가며 해준 밥상인데 나참!
막동어멈	(걱정스런) 어디가 아프신 건가?
홍도	그건 모르겠고 입맛이 없나 봐.
막동아재	아무리 그래도 그렇지 이 좋은 밥을. (하며 밥상보를 걷어내고는) 근데, 손도 안 댄 게 아닌데? 반은 먹었는데?
홍도	(아뿔싸!) 아 그게, 그게 안 먹으니까.. 거기 시녀, 응 시녀가 먹더라구. 채신머리 없이 뽈따구니가 빵빵해져 갖고 우적우적.
막동어멈	아. 저 그럼 이거 남은 거 우리 막동이 먹여도 되죠?

그때 '이보시오!'하는 소리. 돌아보면... 저쪽에서 오고 있는 노루골 촌장과 장정들! 낫을 든 노루골 사람들을 보자 기겁하는 홍도.
홍도를 보더니 잰걸음으로 다가온다.

홍도	(뒷걸음치며) 왜들 이러시오?! 오해가 있나 본데 우리말로 합시다! 내 심정은 이해하는데 이런다고 뭐가 달라지겠소? (노루골 촌장이 성큼 다가오자 한 발짝 뒤로 물러서며)
노루골 촌장	내 싸우러 온 게 아니오.
홍도	예?

49

노루골 촌장이 등에 진 망태에서 조심스럽게
무언가를 꺼내 내민다. 보면, 산닭이다.

노루골 촌장 좋은 곡식만 먹여 키운 씨암탉이요. (옆 사람에게)
　　　　　　더덕도 드리게, 더덕도.
홍도　　　　이걸 왜...나한테...
노루골 촌장 화를 대신 가져갔는데 씨암탉인들 아깝겠습니까?
홍도　　　　그게 무슨 말입니까?

대답 대신 껄껄 웃으며 사라지는 노루골 촌장과
장정들.
영문을 몰라 어리둥절한 홍도인데 사라지는 노루골
사람들 뒤로 태산이 보인다.
굳은 얼굴로 홍도를 바라보며 다가오는 태산.

홍도　　　　(여전히 어안이 벙벙한) 저 사람들이 이 닭을 주고
　　　　　　갔다... 이 이걸 왜...?
태산　　　　...귀양 온 양반이 누군지 아십니까?
홍도　　　　노...노산...아니더냐...
태산　　　　노산군 이홍위라는 자입니다.
홍도　　　　이홍위?
태산　　　　이홍위...얼마 전까지 이 나라의 왕이었습니다.
홍도　　　　(놀라는) 왕?

순간 멈칫하는 홍도.

인서트.
씬11. 의미심장한 표정으로 말하던 한명회의 모습.
'감당할 수 있겠느냐. 누가 오든 말이다.'

25. 광천골 느티나무 아래 - 실외/낮

마을 사람들   (일제히) 왕?!

벌린 입을 다물지 못하는 마을 사람들.

함평댁   그 어린 것이 왕이었다구?!
막동아재   아니, 왕도 유배를 보내나?

26. 태산의 회상 (저잣거리) - 실외/낮

씬23. 저잣거리 양반들에게 태산이 놀라서 '왕도
유배를 보냅니까?' 물은 상황.

양반1   (주거니) 왕이었던 아버지를 따라 노산이 왕이 됐지만
아버지가 죽고 나서 수양대군이 난을 일으켜서 왕이
됐잖은가.
양반2   (받거니) 그 바람에 따르던 신하들은 모두 죽임당하고
노산군으로 강등당해서 이곳으로 유배를 온 거라네.
양반3   (한술 더 떠) 근데 죽이면 죽였지 왕이었던 사람을

유배 보내진 않지. 게다가 불쌍히 여기는 사람들도
많으니 머지않아 사약을 내릴 것이야. 쯧쯧.

27. 광천골 느티나무 아래 – 실외/낮

충격을 받은 채 여전히 입을 벌리고 있는 마을
사람들.

막동아재	사... 사..
막동어멈	사약!
막동아재	그럼 우린 어떻게 되는 거야? 노산에게 무슨 일이 생기면 우리도....
윤노인	(망연자실) 유배자에게 무슨 일이 생기면 유배지에도 무슨 일이 생기겠지...
태산	노산군을 따르는 자들을 전부 산 채로 사지가 찢겨 죽거나 고문당해 죽었답니다. 재물은 모두 뺏기고 처자식들은 노비로 팔려가고...
함평댁	(털썩 주저앉으며) 내 그리 말리지 않았소! 아이고, 이 년 팔자야! 서방복도 없고 자식복도 없는 년이 마을복도 없네! 유배지에서 나고 유배지에서 죽는구나. 아이고~
막동아재	(원망 가득한) 이제 우린 죽은 목숨이여. 이게 다 촌장 때문이야!

마을 사람들, 원망 가득한 눈으로 흥도를 바라본다.

홍도	(버럭) 뭘 잘 알지도 못하면서 나불대는 거야? (뻔뻔한 거짓말) 내 두 귀로 한명회 대감한테 똑똑히 들었어. 머지않아 노산군을 한양으로 복귀 시킨다고!
윤노인	그 말이 참말인가?
홍도	내가 이래 봬도 뼈대 있는 가문 출신이야! 목에 칼이 들어와도 거짓말은 하지 않아!

28. 육육봉 꼭대기 - 실외/밤

꼭대기에 올라선 홍도. 배소를 향해 울며불며
고래고래 소리를 지른다. 술기운에 벌겋게 달아오른
손에는 술병이 들려 있다.

홍도	내가 뭐 큰 거 바랬어?! 쌀밥에 고기 좀 먹어보자는 게 죄야? 내 새끼 공부 좀 시켜보자는 게 죽을 죄냐구! 하고많은 한양 양반들 중에 왜 하필 너 같은 놈이 왔냐구!!! 니미럴! 내가 너 같은 놈 만날려구 그런 짓을 했냐구... (울부짖는) 옘병, 너 같은 놈 만날려구 꿈을 품었냐구... 너 같은...

하다가 옆을 보면 의관을 정제한 홍위가 가만히
홍도를 바라보고 있다.

홍도	(자기도 모르게 말이 흘러나오는) 화근덩어리 놈을...

극도로 민망한 흥도와 무표정하게 흥도를 바라보는
홍위.

홍위	(가만히 보기만)….
흥도	(말도 안 되는) 오해요.. 오해…
홍위	….

홍위, 가만히 보다가 대꾸 없이 흥도를 지나쳐
낭떠러지 쪽으로 걸어간다.

흥도	뭐 하시는 겝니까? 거기 낭떠러집니다.

넋 나간 얼굴로 낭떠러지 앞에 선 홍위.
슬픈 눈으로 허공을 응시하는데… 어느새 눈물이
두 뺨에 흘러내리고 있다.
허공에 발을 띄워 뛰어내린다.
그와 동시에 황급히 달려들어 추락하는 홍위를
붙잡는 흥도. 필사적으로 홍위를 잡아당긴다.

흥도	(낑낑대며) 미쳤소?
홍위	(매달린 채 슬픈 눈으로) 놓아라! 제발… 내 손을 놓아라….
흥도	(힘겹게) 안 됩니다.. 나으리가 죽으면… 우리 마을도 죽습니다…
홍위	!

29. 광천골 막동의 집 - 실외/낮

평상에서 밥을 먹고 있는 태산과 용이.
반찬은 푸성귀 반찬에 간장 종지뿐이고 밥은
옥수수밥이다. 그때, 부엌에서 나온 막동어멈이
다가와 평상에 상을 놓는데 '이게 뭐예요?'하며
밥상보를 걷어보는 용이.
무국에 굴비에 정성스럽게 차려진 진수성찬이다.

용이   (눈이 휘둥그레지는) 굴비! 쌀밥! 이 귀한 것들은
        어디서 난 거예요?

막동어멈   (밥상보를 뺏어 다시 덮으며) 관아에서 내려온 거야.
        나으리 드리라고.

용이   우와! 좋겠다.. 나으리는.

막동어멈   태산아, 네가 좀 갖다 드려야겠다.

태산   제가요?

막동어멈   촌장님이 관아에 볼일 있다고 대신 부탁했어.

태산   ....

30. 영월 관아 중앙정청 - 실외/낮

'뭐? 뭐라 하였느냐!' 정자에서 닭백숙을 입에 문 채
놀라고 있는 영월군수. 정자 앞에 머리를 조아리고
있는 홍도.

흥도	어젯밤에 유배자가 자결을 시도했습니다.

놀라서 물고 있던 닭다리를 떨어뜨리는 영월군수.

흥도	어젯밤에 배소를 살피러 육육봉에 올라갔는데, 거기에 노산군이..
영월군수	노산군이!
흥도	절벽에서 뛰어내리려 했습니다.
영월군수	(화들짝) 절벽에서! (놀라는) 그...그래서 어찌 됐느냐?
흥도	제가 득달같이 뛰어들어. 유배자를 구했습니다. 조금만 늦었더라면 큰일이 날 뻔했습니다!
영월군수	(골치 아픈 듯 머리를 감싸 쥐다가 심각한 얼굴로) 어제 일은 누구에게도 발설해선 안 된다. 그리고 앞으로는 더욱더 노산군의 일거수일투족을 감시하거라. 노산군에겐 어떤 일도 있어서는 안 된다.
흥도	명심하겠습니다.

31. 청령포 배소 (홍위의 방, 마당) – 실내, 실외/낮

김이 모락모락 피어오르고 있는 밥상.
밥상을 가만히 보다가 고개 들어, 가지 않고 가만히
서 있는 태산을 보는 홍위.

홍위	(짜증 섞인) 넌 누구냐?

태산	광천골 촌장이자 보수주인 엄홍도의 아들
	태산이라고 합니다.
홍위	왜 안 가고 서 있느냐?
태산	드시는 거 보려고 합니다.

홍위의 얼굴에 모욕감이 스친다.

홍위	(기가 막힌) 뭐라?
태산	나으리 드시는 거 보고 가겠습니다.

꿈틀하는 홍위와 당황하는 매화.

태산	식사를 거르셨다고 들었습니다. 맛난 음식 먹으려고
	사는 귀하신 분들은 저희가 살려고 먹는 음식이
	우습나 봅니다.
매화	(노려보는) 무엄하다 그 입 다물지 못할까.
태산	(굴하지 않고) 손도 대지 않은 밥상을 다시 들고 가면
	없어서 못 먹는 저들은 원망할 법도 한데 되려 귀하신
	나으리께서 어디가 아프신 건 아닌지, 음식이 입맛에
	안 맞으시는 게 아닌가 걱정부터 합니다.
홍위	(가만히 생각에 빠졌다가 차갑게) ..... 그렇다면 네가
	먹거라.
태산	예?
홍위	(건조하게) 나는 먹을 생각이 없고. 밥상을 이대로
	들고 가면 그자들이 날 욕할 것 아니냐. 그러니 네가
	먹으란 말이다.

마당.

빈 밥상 들고 마당을 나서는 태산, 방 안에서 나온
홍위가 헛기침을 한다. 태산, 돌아보면.

홍위   전해주어라. 잘 먹었다고.
태산   네?

홍위 쑥스러운 듯 먼 산을 보다가 안으로 들어간다.

32. 광천골 느티나무 아래 — 실외/낮

강에서 잡아 온 물고기들을 말리는 작업을 하는 마을
사람들.
태산이 빈 반상을 들고 마을로 들어선다. 상을
받아드는 막동어멈이 감격한다.

막동어멈   (입 떡 벌어지며) 다 비우셨네!

제일 먼저 빈 반상을 확인하는 흥도.

흥도   (태산에게) 아주 설거지를 해놨구나. 설거지를.
          이게 어찌 된 일이냐?
태산   마을 사람들에게 전하라 하셨습니다. 아주 맛있게 잘
          먹었노라고. 고맙다고.
막동어멈   (눈물까지 글썽이는) 아이고.

막동아재	은근히 인간미가 있네... 인간미가..
태산	(순간 꺼억~ 트림을 한다) ....

수상쩍은 얼굴로 태산을 보는 홍도.

33. 청령포 배소 (매화의 방, 마당) - 실내, 실외/밤

방에서 잠들어 있는 매화.
밖에서 무언가가 떨어지는 소리가 들린다. 번쩍 눈을
뜨는 매화.

방 밖 마당.
조심스럽게 나와 주위를 둘러보는 매화. 사방을
둘러보지만 아무것도 없다. 안심하고 다시 뒤돌아
방으로 들어가려는데, 순간 그림자 하나가 뒤에서
달려들어 매화의 입을 틀어막는다.

매화	!

34. 청령포 배소 - 실외/아침

아침, 배소의 전경.

35. 청령포 배소 (홍위의 방) – 실내/아침

홍위 앞으로 내밀어지는 서찰.

홍위 이것이 무엇이냐?
매화 지난밤 웬 자가 주고 간 서찰입니다.
홍위 웬 자?

36. 매화의 회상 – 실외/밤

33씬의 상황이 이어진다.
한쪽 눈에 칼자국 흉터가 선명한 괴한(이하
외눈박이)에 입이 틀어막힌 매화. 벗어나려 발버둥을
치지만 역부족이다.

외눈박이 소리 내지 마시오.
전하께 드리는 서찰을 가지고 왔소.
매화 !

37. 청령포 배소 (홍위의 방) – 실내/아침

매화 그자가 보낸 이에 대해 말하지는 않았으나 이것은
필시 금성대군께서 나으리께 보낸 서찰일 것입니다.

그 말에 매화를 보다가 다시 놓여진 서찰을 물끄러미
보는 홍위.

매화   어찌하여 뜯지 않으시옵니까?

대꾸하지 않은 채 서찰 봉투를 가만히 보는 홍위.

매화   나으리...
홍위   두렵다... 이 서찰의 내용도, 나에게 보냈다는 사실도
           그저... 두렵다.

근심 깊은 얼굴의 홍위를 보며 가슴 아파하는 매화.

38. 광천골 마을 입구 - 실외/낮

망태기를 멘 채 낫을 들고 마을을 나서는 홍도.
한켠에서 태산이 활쏘기 연습을 하고 있다. 그런
태산을 못마땅한 얼굴로 보는 홍도.
그때, 마을로 헐레벌떡 뛰어오는 매화. 다급히 강을
건너온 듯 물에 젖어 있다.

홍도   여긴 어쩐 일이시오?
매화   혹 오늘 노산군 나으리를 보셨습니까?
홍도   (불길함이 엄습한다) 배소에 안 계시오?
매화   관아에 심부름을 갔다 오니 계시지 않습니다.

(불길함에 눈물 글썽이며) 근처 사방을 찾아봐도
모습이 보이지 않아요.

'설마!'하는 태산 그리고 홍도.
홍도, 부리나케 달려 나간다.

39. 광천골 일각 - 실외/낮

홍도가 미친 듯이 달려가고 있다.
가쁜 숨을 몰아쉬며 필사적으로 달리는 홍도의 얼굴.

인서트.
육육봉 벼랑 끝에 매달린 채 '놓아라! 제발... 내 손을
놓아라....' 하는 홍위의 절망감 어린 슬픈 눈.

분노에 찬 시뻘건 얼굴로 달려 나가는 홍도.

홍도   이런 망할! 내가 그렇게 당부했거늘!

40. 골짜기 - 실외/낮

윤노인과 용이가 망태를 메고 약초를 캐고 있다. 땀을
닦다가 어딘가를 보고 멈칫하는 용이.

윤노인	왜?
용이	저기... 왕인데요.
윤노인	왕? (화들짝 놀라는) 호랑이냐?!
용이	아뇨, 진짜 왕요.

고개 들어 용이가 바라보는 쪽으로 시선 돌리는
윤노인. 육육봉 꼭대기에 벼랑 끝에 서 있는 홍위의
모습이 보인다.

41. 육육봉 꼭대기 - 실외/낮

벼랑 끝에 선 홍위가 금성대군이 보낸 서찰을 읽고
있다. 서찰을 읽고 있는 홍위의 얼굴에 고민의 흔적이
역력하다. 다시 편지를 품에 넣는 홍위.

그때, 헐레벌떡 꼭대기에 오르는 홍도.
홍도의 눈에는 떨어지길 결심한 사람처럼 위태롭게
서 있는 홍위다. 분노가 끓어오르는 홍도.

홍도	뭐 하는 거요!!

가만히 서서 홍도를 바라보는 홍위. 홍도가 성큼
홍위를 향해 다가온다.

홍도	그렇게 죽고 싶으시오?

홍위   무...무슨 소리냐? 난 그저...
홍도   지금 온 마을이 걱정하고 찾느라 난리가 났는데 자기
       혼자만 생각해서 죽을 생각만 하는 거요? 그렇게
       철딱서니가 없소?

       그 소리에 꿈틀! 하는 홍위의 눈빛.

홍위   뭐라? 감히 너 따위가 나를...
홍도   그래! 나 따위가 너를!!
홍위   뭐...뭐라... 니 놈이 미친 게냐...!
홍도   (멱살을 잡으며) 네놈 같으면 안 미치겠냐?! 아들 공부
       좀 시키려다, 마을 사람들 배 좀 불리려다 이 지경이
       됐는데... 미칠 이유는 차고 넘친다.

       그때 봉우리 꼭대기로 매화를 비롯한 마을 사람들이
       올라온다. 화난 얼굴로 홍위의 멱살을 잡고 있는
       홍도를 보고 놀라는 일동.

매화   (고함을 친다) 네 이놈! 뭐 하는 짓이냐!

       그제야 정신을 차린 홍도. 멱살을 놓고 가쁜 숨을
       몰아쉰다.

매화   (홍위에게 달려와) 나으리 팬찮으시옵니까?
홍위   .....

바로 그때.

용이	(넋 나간 듯 말을 잇지 못하는) 와, 와... 왕이다...!
윤노인	그래, 찾았잖아! 왕.
용이	그 왕 말고..
윤노인	(용이 시선 따라 보다가) 어머나...

수풀 속에서 들려오는 오금이 저리는 호랑이의
울음소리. 기함하며 절벽 쪽으로 몰려가는 마을
사람들.
곧 수풀 속에서 호랑이가 모습을 드러내자 사시나무
떨듯 바들바들 떨기 시작한다. 먹잇감을 고르듯
천천히 절벽에 몰린 사람들을 향해 다가오는 호랑이.

막동아재	어...어떻게 좀 해 봐.
흥도	조용히... 조용히...!
막동어멈	어떡하면 좋아...

다들 겁에 질려 벌벌 떨기만 하는 사람들.

윤노인	호랑이는 한 명만 잡아먹으면 다른 사람은 건드리지 않는대.

그때, 무언가 결심한 듯 앞으로 나서는 윤노인.

흥도	어르신!!

윤노인 살 만큼 살았어. (팔 걷어 올려 맨살 내밀며)
늙어 맛은 없겠지만 그래도 먹길 바래야지.

천천히 호랑이에게 다가가는 윤노인.
이러지도 저러지도 못하는 흥도. 뒤늦게 다른
방향에서 태산이 나타나 활을 쏘는데, 호랑이의
어깻죽지에 박히나 싶더니 떨어진다. 태산을 향해
몸을 트는 호랑이. 호랑이와 정면으로 마주친 태산이
겁에 질려 물러서다 돌부리에 걸려 엎어진다. 이를
본 흥도가 고함을 지르며 호랑이를 자기 쪽으로
유도한다.

흥도 (벌벌 떨며 낫을 휘두른다) 여기다! 여기다. 이놈아!

그때, 빠르게 움직여서 태산이 놓친 활을 줍는
누군가! 홍위다.

홍위 (호랑이를 향해 버럭 소리친다) 네 이놈!

버럭 하는 홍위의 육성에 고개를 돌려 홍위를 보는
호랑이,

홍위 (거역할 수 없는 위엄으로) 나에게 와라. 네 상대는
나다!

천천히 몸을 돌려 홍위를 향해 움직이는 호랑이.

홍위, 잔뜩 힘을 주어 활시위를 당긴다.

그와 동시에 홍위를 향해 달려드는 호랑이.

달려오는 무서운 기세의 호랑이와 활시위를

끝까지 당긴 채 눈을 부릅뜬 홍위의 얼굴이 빠르게

교차되다가... 활시위를 벗어난 화살.

날아가 홍위를 덮치려던 호랑이의 미간에 정확히

명중한다! 달려오던 호랑이의 몸이 홍위를 덮치려는

순간! 아슬아슬하게 몸을 틀어 피하는 홍위.

그와 동시에 가속도를 이기지 못한 호랑이가 절벽

밑으로 추락한다. 일동, 놀라움에 입을 다물지 못하고

홍위를 본다.

바람 부는 절벽 끝에 서 있는 위엄 있는 홍위의 모습.

홍위　　　　　(절벽 밑으로 떨어진 호랑이 쪽을 보며 혼잣말로)
　　　　　　　　왕은.... 나다....

　　　　　　　　하고는 힘없이 쓰러져 정신을 잃는다.
　　　　　　　　'나으리!' 매화를 비롯한 사람들이 놀라 홍위에게
　　　　　　　　달려온다.

42. 영월 관아 중앙정청 - 실외/낮

　　　　　　　　닫혀진 영월군수 방 앞에 머리를 조아리고 있는 홍도.

영월군수　　(소리)(귀찮은) 이번엔 또 무슨 일이냐?

흥도	호랑이가 배소 근처에 나타나 노산에게 달려들었습니다.
영월군수	(벌컥 문이 열리며 고개를 내민다) 호랑이가 노산에게?!
흥도	예, 하마터면 큰일이 날 뻔했습니다.
영월군수	날 뻔하다? 설마 이번에도 네가 노산을 구했느냐?
흥도	아닙니다. 노산군이 저와 마을 사람들을 구했습니다.
영월군수	그걸 지금 나보고 믿으라는...니놈이 거짓부렁을 하는구나!
흥도	(엎드리며) 한치의 거짓도 없는 사실이옵니다! 노산군이.. (갑자기 일어난다) 이 이렇게.. (홍위가 활을 쏘던 폼을 과장껏 흉내 내는)
영월군수	기지개를?
흥도	아니요 활을! 확 당기는데! (호랑이 흉내) 그때, 어흥! 확 달려드는데,
영월군수	어흥? 노산군이?
흥도	(답답한) 아니, 호랑이가! (이번엔 홍위 흉내) 나에게 와라! 확! '촤악~ 획~ 슈욱~~~ 팍!
영월군수	명중?
흥도	(자랑스러운 얼굴로) 명중! (호랑이를 피해 몸을 피하고 바람 앞에 서는 흉내) 획 짜잔~~

황당한 표정으로 흥도를 바라보고 있는 영월군수.

| 홍도 | (비장하게) 이렇게 호랑이를 물리쳤습니다. 화살 한 방으로. |

흔들림 없는 홍도의 얼굴에서 음악 시작되며

43. 청령포 배소 (홍위의 방, 툇마루, 마당) - 실내, 실외/아침

방 안. 식은땀을 흘리며 잠들어 있는 홍위.
방 밖. 대야를 들고나오는 매화.
때마침 밥상을 들고 마당에 들어오는 홍도를 본다.
매화, 무시하듯 쌩하니 부엌 쪽으로 가려는데

홍도	나으리는 괜찮으시오? 깨셨소?
매화	(쌀쌀맞게) 알 거 없소. 밥상은 놓고 가시오.
홍도	나으리가 괜찮으신지 뵈어야겠소.
매화	(나지막이 차갑게) 놓고 가라 하지 않소!
홍도	눈에서 번개 나오것네. 나한테 왜 그러는 거요?
매화	어제 한 짓이 생각 안 나오? 감히 나으리께 멱살을 잡고...

하는데, 삐그덕 문 소리가 들리고 뒤돌아보는 두 사람. 문 앞에 깨어난 홍위가 두 사람을 보고 있다.

| 매화 | 나으리! |
| 홍도 | 괜찮으십니까? |

| 홍위 | 배가 고프구나... |

다시 홍위의 방 안.
홍위를 보는 두 사람. 미소가 퍼진다.
소반 위에 정성 가득 차린 밥과 반찬들. 첫술을 떠서
밥을 먹는 홍위.

홍위	(서 있는 홍도를 보며) 다 먹을 때까지 안 나갈 거냐?
홍도	마을 사람들이 밤새 나으리 걱정을 했습니다.
	그래서 잘 드시는지 보려고 하는데... 원하시면 나가
	있을까요, 나으리.
홍위	말투가 어제완 다르구나. 어제는 내 숙부보다
	무섭더니만...

당황하는 홍도.

홍위	날 네놈이라고 부른 건 보수주인이 처음이었다.
홍도	!!!!! (화들짝 홍위 앞에 엎드려 머리를 조아린다)
홍위	내 아버지도, 지금의 임금인 내 숙부도 날 그리
	부르지 않았다.

사태의 심각성을 이제야 깨달은 듯 후들후들 떨기
시작하는 홍도.

| 홍위 | 게다가 내 멱살까지... |
| 홍도 | (자기도 모르게 낮은 혼잣말로) 하아, 씨발... |

홍위	뭐라? 지금 뭐라 했느냐? 씨발이라 했느냐?
홍도	아니, 그게.. 그게 시발... 시발점! (지가 생각해도 말이 안 되는) 나으리께서... 호랑이를 물리치는 시발점이었다. 뭐 그런 겁니다. (억지웃음) 하하하.

말도 안 되는 변명을 하지만 누가 들어도 '씨발'이다.
허둥지둥 당황한 홍도 매화를 보면.. 한심하게 보며
설레설레 고개 흔드는 매화.

홍위	(문득) 그런데 자청해서 유배지가 됐다는 말이 무슨 말이냐?
홍도	예?
홍위	어제 산에서 그리 말하지 않느냐?
홍도	그 그것이...

망설이는 눈동자로 홍위를 보는 홍도.

시간 경과. 배소 안의 나무에 햇살이 부서지고 있다.
배소 마루 밑 댓돌에 가지런히 사이좋게 놓여 있는
홍위, 매화, 홍도의 신발.
그 위로 들려오는 호탕한 홍위의 웃음소리.

다시 배소.
홍위가 어깨를 들썩이며 웃음을 터뜨리고 있고
매화는 한심한 얼굴로 홍도를 보고 있다. 난감한
표정의 홍도.

홍위	그런데 내가 왔구나. 보수주인은 형조판서가 올 줄 알았는데...! 당나귀 보낼 인맥도 없고 관직으로 이끌어 줄 연줄도 없는 내가!
홍도	그게 그렇게 웃기십니까?
홍위	내 정체를 알았을 때 보수주인의 심정을 상상해 보니... (웃으며) 그런 우여곡절이 있는 줄은 상상도 못했다! (생각해보니 왠지 씁쓸한) 그런데 내가 마을 사람들 배를 불려주기는커녕, 밥상만 받고 있었구나.
홍도	아닙니다. 그저 나으리께서는 잘 드시기만 하면 됩니다.

홍위, 가만히 홍도를 보다가 수저를 들더니 국을 한 수저 뜨는.

홍위	(의외의 맛에 내심 놀라지만 감추며) 이 국은 무슨 국이냐.
홍도	(괜히 뿌듯) 새벽에 제가 동강에 나가 잡은 다슬기로 끓인 국입니다.
홍위	다슬기도 다슬기지만 끓인 솜씨가 수라 상궁보다 낫다. 직접 끓였느냐?

44. 광천골 느티나무 아래 - 실외/낮

사람들이 마을 한가운데 모여 식사를 하고 있다.

반찬은 푸성귀에 옥수수밥이지만.

용이　　　　(걱정스런) 근데 나으리는 괜찮으실까요?

함평댁　　　그러게. 여기 오셔서 끼니도 제대로 못 드시고 어제
　　　　　　그렇게 쓰러지셨는데.

막동어멈　　그나저나 어제 나으리 아니었으면.. 아휴! 생각만
　　　　　　해도...

막동아재　　우와, 그 여리여리한 체구에서 어째 그런 깡이..

윤노인　　　백성을 긍휼히 여기는 마음에서 나온 것이겠지.

막동아재　　(뭔 말인지 모른다) 긍휼리..

윤노인　　　그래도 한때 일국의 왕이었잖은가.

　　　　　　윤노인의 말에 생각이 깊어지는 태산. 그때 밥상을
　　　　　　들고 나타나는 홍도. 다들 일어나 홍도에게 다가간다.

태산　　　　노산군 나으리는 괜찮으십니까?

홍도　　　　(활짝 웃으며) 쾌차하셨다. 밥 한 공기를 뚝딱
　　　　　　비우셨어.

　　　　　　'우와!' 안도하는 일동. '너무 다행이다'
　　　　　　막동아재 '거봐, 내가 뭐랬어'하는데

막동어멈　　(반색하는) 어째 음식이 입맛에 맞으시대요?

홍도　　　　...자네에 대해 물었어.

막동어멈　　예?!

45. 흥도의 회상 (흥위의 방) - 실내/낮

다슬기국을 입에 떠 넣는 흥위 앞에서.

흥도	제가 끓인 게 아닙니다.
흥위	그럼 누가 끓인 것이냐?
흥도	막동어멈이라고 음식 솜씨가 뛰어난 아낙네가 있습니다.
흥위	막동어멈? 막동이의 어미라서 막동어멈이냐?
흥도	예, 그 막동이는 어리지만 똑똑하고 야무진 아이입니다. 아, 이 어죽은 그 어린 녀석이 통발로 잡은 민물고기로 만들었습니다.

어죽을 한 입 먹어보는 흥위. 입맛에 맞는지 절로 미소가 떠오르는.

흥도	이 무침에 쓰인 산초는 마을 최고 어르신인 윤노인이 육육봉 절벽에서 캐온 것이고 이 저민 고기는 용이라는 마을 청년이 토끼를 잡아 만든 것입니다.
흥위	....
흥도	이 고기 위에 산삼 뿌리는 아까 말씀드렸던 막동이 애비가 고이 간직하고 있던 것을 내놓은 것입니다. 그리고 이 산딸기는 함평댁이라고 청상과부가 있는데 뱀 가득한 골짜기 한가운데서 캐온 것입니다.
흥위	(왠지 고맙고도 미안한) 그렇구나...
흥도	그렇지만 이 모든 것이 저의 진두지휘 아래

이루어졌다는 것을 잊으시면 안 됩니다.

홍위, '네가 그럼 그렇지'하는 얼굴로 보면....
쑥스러움에 배시시 웃는 홍도.

46. 광천골 느티나무 아래 - 실외/낮

막동어멈의 두 눈시울이 붉어진다.

막동어멈	세상에... 왕이 나를 입에 올리다니.
함평댁	(능청스럽게) 꼬맹이 전하가 어려도 여자 마음을 알아.
홍도	미쳤어들?! 누가 전하고 누가 왕이야? 노산이야, 노산군!
함평댁	우리끼린데 전하라고 부르든 왕이라고 부르든 뭔 상관이람.
윤노인	어제 호랑이와 상대할 때 보니 왕은 왕이더라구.
홍도	어르신까지 왜 이러십니까? 누가 들으면 어쩔려구요?

하는데

용이	누가 듣는데요.

멈칫하며 고개 돌리는 홍도. 어느새 마을로 들어서는

네댓 명의 양반과 아녀자들을 발견한다. 먼 여정을
지나온 듯 남루하고 초췌한 사람들을 의아한 눈으로
바라보는 홍도.

양반4   말씀 좀 묻겠습니다. 청령포가 어딘지 아십니까?
홍도   저기 저쪽이오만... 누구신지?
양반4   우린 경상도 동래에서 전하를... 아니, 노산군을 뵈러
          온 일행입니다. (옆에 선 다른 양반 가리키며) 이쪽은
          전라 나주에서 온 양반인데 오다가 우연히 만나
          이렇게 같이 오게 됐습니다.
홍도   근데 노산군은 왜?

47. 광천골 강가, 청령포 배소 마당 - 실외/낮, 밤
_____

양반과 아녀자들이 강변에 엎드려 통곡을 하고 있다.

양반4   전하! 이 어찌 하늘이 통곡할 일이옵니까! 전하가
          무슨 잘못이 있어 이 척박한 곳에 머물러 계시는
          것이옵니까!

강 건너 청령포 배소를 향해 절규하는 양반과
아녀자들을 보는 홍도와 마을 사람들. 왠지 짠하고
가슴이 먹먹히다. 그러다가 문득 정신을 차리고
사람들에게 뛰어가는 홍도.

홍도	저기, 전하라 부르면 안 됩니다! 관아에서 알기라도 하면...
양반4	전하를 보필하지 못한 이 못난 백성들을 용서해 주시옵소서, 전하!
홍도	전하라 하면 안 된다니까요!

cut to.

어느새 강가에 전국팔도에서 몰려온 수많은
사람들이 들이차 있다.

여기저기 강을 건너려는 수많은 사람들을 막느라
쩔쩔매는 영월군수와 군사들. 군사들에 가로막혀
강을 건너지 못하는 사람들이 강가에 엎드려 통곡을
한다. 누군가 잔잔히 흐르는 강물 위에 보따리를 던져
넣자 너도나도 강물 위로 보따리를 던지는 사람들.
강물에 떠내려가는 보따리들을 지켜보는 홍도.

cut to.

어느새 밤. 한밤중인데도 여기저기 횃불을 들고
강가에 서 있는 사람들의 행렬. 누군가는 나무
조각을 얼기설기 묶어 만든 뗏목에 보따리를 실어 강
건너편으로 보내고... 누군가는 투포환을 던지듯 힘껏
몸을 돌려 강 건너편으로 보따리를 날린다.

cut to.

마당에 선 채 수많은 횃불들이 불야성을 이루고 있는
강 건너편을 보고 있는 홍위와 매화. 간간이 멀리서

들려오는 '전하! 부디 강건하시옵소서.'하는 소리들.
눈물을 흘리는 매화. 홍위의 눈에도 이슬이 맺혀
있다.

cut to.

떠내려 오던 보따리 하나가 흘러가다가 강변 갈대에
스윽 다다른다. 그때, 보따리를 건져 올리는 손.
홍도다.
물에 젖은 보따리를 풀어보는 홍도, 안의 내용물을
보고 눈이 휘둥그레진다.

그 위로 낮고 차분한 음성. '고개를 들라.'

48. 금성대군의 거처 (방 안, 마당) - 실내, 실외/밤

방 안. 납작 엎드린 사내가 얼굴을 들면... 매화에게
서찰을 전한 외눈박이 사내다. 그 앞에는 금성대군과
수하들이 앉아 있다.

금성대군 서찰을 전하였느냐.

외눈박이 예, 분부대로 궁인에게 직접 전해주었습니다.
대군마마.

금성대군 너는 다시 영월로 가라. 가서 전하의 처소에서
정면으로 보이는 검각산 나무에 흰옷을 걸어 두어라.

78

마당.
노비 중 하나가 이 대화 내용을 몰래 듣고 어디론가
간다.

49. 청령포 강가 - 실외/밤

떠내려오던 보따리와 물건 몇 개가 그물에 걸린다.
카메라, 빠지면 하류 양쪽으로 길게 어망이 쳐져
있다.
어망에 걸려 있는 물건들을 끌어올리는 홍도와 마을
사람들.

용이　이런 기발한 방법을 생각해 내시다니 대단하십니다.
홍도　(뿌듯한) 촌장은 딱지치기로 딴 게 아니다. 한 마을의
　　　우두머리는 타고난 영특함과 영민함이 있어야 하는
　　　것이다. 암! 하하하하!

한껏 으스대며 사람들을 보면, 자신을 무표정하게
바라보고 있는 마을 사람들.

윤노인　(무표정한) 신경 쓰지 말고 그냥 일이나 하세.

cut to.
모닥불 앞에서 건져낸 물건들을 뜯어보고 있는
사람들.

물에 젖은 보따리 안에서 육포, 말린 생선, 각종
전과 약과, 한과들 등 각종 음식들이 쏟아져 나온다.
'육포다, 육포!' '여기 동태전도 있어요!' 신이 난 일동.

흥도   (기분이 좋은) 내가 뭐랬어? 당나귀는 몰라도 앞으로
         배곯을 일은 없다고 하지 않았나? 하하하
함평댁   근데, 이것들이 노산군께 보내진 것인데 우리가 먹는
         게 좀 맘에 걸리네요.
흥도   어차피 우리 아니었으면 한참을 떠내려가다가
         물고기 밥이 되었을 것인데, 도적질을 한 것도 아니고
         무슨 상관이야?
막동아재 거 촌장이 간만에 옳은 소리를 하는구만. 이건 다
         우리 꺼야.
막동어멈 (뭔가를 씹다가) ...근데 아까 그 사람들 표정 봤어요?
         세상이 무너지기라도 한 것 같이 울지 않았어요..?
윤노인   (한숨을 쉬며) 우리도 어렴풋이 그 마음을 알고 있지
         않는가...

일동 좀 전의 장면을 떠올리며 숙연해진다.

순간, 어둠 속에서 들리는 인기척.
일동, 돌아보면 초롱불을 들고 어둠 속에서 나오는
매화.

흥도   (벌떡 일어나며) 이 시각에 여긴 어쩐 일이오?

대답 대신 옆으로 비켜서는 매화.
그리고 어둠 속에서 걸어 나오는 사내는... 홍위다.

홍도   (놀란) 나으리...!

너무 놀라 육포 입에 문 채 기함하는 막동아재와
사람들. 어찌할 바를 모른다.

홍위   왜 이리들 놀라느냐? 못 볼 걸 본 사람들처럼.

막동이   (막동어멈에게) 저 오라버니는 누구야?

홍위   (막동에게 다가가서) 나는 이홍위라고 한다.
        네 이름은 막동이렸다.

막동이   (놀라 반색하는) 예! 제가 막동이어요.

홍위   통발로 물고기를 잡은 것이 너로구나. (하다가
        막동어멈에게) 자네가 밥을 지어준 막동어멈이겠고,
        그럼 산삼 뿌리를 내어준 막동아재는?

막동아재   (씹던 육포를 꿀꺽 삼키고) 접니다요.

홍위   (고개를 끄덕이고 함평댁을 보며) 네가 산딸기를 따온
        함평댁이구나.

함평댁   (감동한 얼굴이 된다).. 예, 나으리.

홍위   토끼를 잡은 용이는?

용이   (번쩍 손을 들며) 제가 토끼! 아니 용이입니다.

홍위   네가 뜀박질을 잘한다고?

윤노인   이놈이 뜀박질 하나는 영월 땅에서 으뜸입니다.

홍위   (윤노인을 보며) 그대가 보내준 산초는 난생처음
        먹어보았는데, 뭐 그럭저럭 먹을 만했소. (쌓여있는

홍도	보따리와 음식들을 보고는) 헌데, 이것들은...? 그러니까 이게... 저희들이 상하지는 않았나 먼저 살펴본 후에... 나으리께 드리려던 음식들입니다. 저희는 손도 대지 않고.. (횡설수설)
홍위	아니다. (쑥스러운 듯 먼 곳을 보며) 이것들은 광천골에 온 것이니... 그대들의 것이다.

일동, 그저 감동의 도가니다.

홍도	감사합니다요, 나으리. 나으리께 온 귀한 음식들을 미천한 저희에게…
홍위	오해하지 마라. 나는 본디 귀하게 자라 물에 불은 음식은 못 먹는다. 그래서 준 것이다.

마을 사람들, 홍위의 츤데레에 마음이 따뜻해진다.
쑥스러움에 딴청을 하는 홍위를 가만히 보는 태산.

50. 청령포 어귀 - 실외/밤

초롱불을 들고 앞장서는 매화.
그 뒤의 홍위가 배소로 가고 있고 홍도가 그 뒤를 따르고 있다.

홍도	원래 그렇게 쑥스러워하시는 편입니까?
홍위	....

홍도	아니, 맛있게 잘 먹었다. 고맙다. 이렇게 얘기하면 될 것을 (비아냥거리듯 홍위 흉내) '그럭저럭 먹을 만했다.' '나는 본디 귀하게 자라 물에 불은 음식은 못 먹는다.'

가만히 보다가 휙 가버리는 홍위를 보는 홍도.
'성격하고는' 하며 고개를 설레설레 흔든다. 그때,
걸어가던 홍위가 잠시 걸음을 멈추고 말한다.

홍위	오늘 아침은... 내 인생 최고의 밥상이었다...

하고는 무표정한 얼굴로 다시 길을 가는 홍위.
홍위의 뒷모습을 보는 홍도의 얼굴에 스르르 미소가
피어오르고. 앞장서는 매화의 입가에도 미소가
번진다.

51. 청령포 배소 앞 강가 - 실외/새벽

먼동이 터오는 물안개가 자욱한 강가를 매화와
함께 산책하고 있는 홍위. 강가의 물안개를 헤치며
나타나는 실루엣. 태산이다.
보따리를 든 채 강물을 건너오고 있다.

홍위	이른 시간에 여기는 어쩐 일이냐?

태산, 홍위에게 보자기를 건네면 보는 홍위.
곶감이다.

태산   나으리께 온 음식 중에 유일하게 물에 젖지 않은
       것입니다. 입에 맞으실 겁니다.

홍위   (가만히 보다가) 네 얼굴을 보니 필시 다른 이유가
       있구나.

태산   ....

홍위   나를 찾아온 진짜 이유를 말해 보아라.

태산   글공부를 배우고 싶습니다. 저의 스승이 되어
       주십시오....

52. 청령포 배소 안 (홍위의 방) - 실내/아침

배소 안, 아침이 밝았다.
홍위와 마주 앉아 있는 태산.

홍위   나는 나이가 어려 학식과 경험이 부족하며 죄를 짓고
       유배를 온 처지다. 왜 이런 나에게 배우려 하느냐?

태산   보여주셨습니다. 백성을 긍휼히 여기며 두려움 앞에
       살신성인하는 군자의 도리를...

홍위   네 아비에게 듣자니 평소 글공부에는 마음이
       없었다고 들었다. 마음이 바뀐 이유가 무엇이냐.

태산   저 같은 산촌의 백성들은 글을 배울 수도 없고 배운다
       한들 과거에 급제할 리 만무하다고 생각했습니다.

허나...

홍위 　허나..

태산 　(당당히 홍위를 보며) 나으리 같은 스승의
　　　가르침이라면 그 희박한 확률을 뚫을 수 있다는
　　　생각이 들었습니다.

홍위 　...

태산 　해서 조정에 올라가 바꾸고 싶습니다. 조정에 끈이
　　　없는 시골의 무지랭이도, 평민, 노비도 공평한 기회가
　　　주어지는 세상으로.

　　　물끄러미 태산을 보는 홍위. 묘한 감흥을 느낀다.

홍위 　(먼 산을 보다가) 공평한 기회가 주어지는 세상이라...
　　　(미소 지으며) 그래, 한번 해보자꾸나.

　　　감격 어린 얼굴로 홍위에게 큰절을 하는 태산.

53. 청령포 배소, 광천골 여기저기 - 실내, 실외/낮, 밤

　　　배소 담벼락에 선 홍도가 불 켜진 배소를 바라보고
　　　있다.
　　　글공부를 배우는 태산과 홍위의 모습을 감격에
　　　겨운 얼굴로 바라보는 홍도. 인기척에 저쪽을 보면
　　　다과상을 든 매화가 공부를 방해하지 말라며 눈총을
　　　준다. 끄덕이며 담벼락 밑으로 고개가 내려가는 홍도.

두 눈은 웃고 있다.

광천골 헛간.
보따리 풀어놓고 먹을 것과 이불 천, 옷가지들
분류하고 있는 마을 사람들.
갑자기 한 보자기에서 오리 한 마리가 푸드덕~하고
튀어나오자 놀라 혼비백산한다. 오리를 잡으려
난리를 피우는 마을 사람들.

윤노인 집.
마당에 모여 앉아 있는 마을 아이들 사이를
돌아다니며 공부를 가르치고 있는 태산. 한글과
천자문 한자를 읽고 쓰고 태산에게 질문하는
아이들의 초롱초롱한 눈길들. 그 안에는 열심히 '하늘
천 따지'하는 용이의 모습도 보인다.
그러던 중 쭈뼛거리며 마당으로 들어서는 윤노인.
쑥스러운 얼굴로 아이들 사이에 앉아 같이 '하늘 천
따지'를 한다.
곧 마을 어른들이 먹을 것을 해 와 아이들과 모여
앉아 식사를 한다. 여기저기 들리는 웃음소리...밥을
먹다 말고 물끄러미 생각에 잠기는 홍도.

청령포 배소.
밥상 앞에 앉아 있는 홍위.
보면, 맞은편에 앉아 있는 홍도가 보인다.
홍위가 밥 한술을 뜨자 기다렸다는 듯 밥 위에 생선을

발라 얹어주는 홍도. 홍위, 잠시 홍도를 보다가
밥그릇 뚜껑에 자신의 쌀밥 반을 덜어 홍도에게 준다.
반색하는 홍도. 우적우적 밥을 먹기 시작하는데, 이를
보며 어처구니가 없는 매화.

cut to.
음식이 맛난 듯 고개를 들어 앞을 보는 홍위. 어느새
앞에는 막동이 앉아 있다.
맛있게 밥을 먹는 막동을 흐뭇한 표정으로
바라보다가 자신의 밥을 조금 더 덜어주는 홍위.
그리고 막동아재와 막동어멈, 윤노인, 용이...
번갈아가며 홍위와 식사를 하는 마을 사람들. 홍위와
밥을 먹던 함평댁, 홍위의 농담에 웃음을 터뜨린다.
그리고 그 모습을 흐뭇하게 바라보는 매화.

광천골 어귀.
호패들이 걸린 느티나무 아래 서 있는 홍도와 홍위,
막동이.
'옳지, 옳지' 홍위의 도움을 받아 자신의 이름을
한글과 한자로 직접 써보는 막동이. 어느새 완성된
막동의 호패. 서툰 글씨로 쓰인 막동이의 이름이
보인다.
삐뚤빼뚤 윤노인과 용이도 자기 이름을 써보고
좋아한다.

카메라 빠지면, 한글과 한자로 적힌 서툰 글씨체의

호패들이 옹기종기 매달려 있다. 홍위의 가르침이
마을 구석구석 퍼지고 있는 것이다.
흐뭇하게 미소 짓고 있는 홍위. 홍도와 눈이 마주치자
표정을 애써 숨긴다.

청령포 배소 마당.
홍위의 활에 자신이 가져온 활줄을 교체해 주는 태산.
태산의 앞에서 자신의 목궁을 들고 활 쏘는 자세를
취해 보이는 홍위.

홍위	(당겨 보더니) 좋은 활줄이구나.
태산	횡성 자락산에서 방생하며 키운 소의 쇠심줄로 심고를 만들고 명주실로 이어서 질기기가 다른 활줄과는 비교가 안 됩니다.

54. 경복궁 일각 - 실외/낮

어전을 나서는 한명회와 그 뒤를 따르는 대신들.

대신1	노산이 호랑이와 맞서 싸웠답니다. 천하의 겁쟁이가 말입니다.
한명회	....
대신2	허허허, 꾸며내기 좋아하는 자들이 지은 허황된 이야기임이 분명합니다. 누가 그걸 믿겠습니까?
한명회	... 저들이 그리 방심하다 우리가 권력을 잡았소.

대신들	(심각해지며 한명회를 보면)
한명회	새싹이 나게 두면 어느새 거목이 됩니다. 특히.. 거친 땅에서 살아남은 것들은 강하지요.
	(대신3에게) 그대는 금성대군을 예의 주시하라. 나는 영월로 가겠다.

55. 청령포 배소 (홍위의 방, 마당) - 실내, 실외/늦은 밤

빈 화로 앞에 우두커니 앉아 있는 홍위. 금성대군의
서찰을 호롱불의 불에 붙인다.
불타는 서찰의 불빛이 홍위의 얼굴에 어른거린다. 그
위로 금성대군의 소리.

(소리)	전하, 드디어 역사를 바로 세울 때가 되었사옵니다.
	신 금성은 순흥부사 이보흠, 기천현감 이돈녕,
	판한성부사 유귀산, 동지중추원사 조유례 등과
	거사를 도모하고 있습니다.
	(충성서약을 하는 각 인물별 모습과 함께)
	큰 뜻에 동참하는 사대부들과 지방 수령들 또한 뜻을
	같이 할 것입니다. 허나 전하의 윤허 없이는 섣불리
	행동에 나서지 않으려 합니다. 하오니 전하께옵서
	부디 윤허의 답신을 주시기를 간절히 바라옵니다.

이윽고 서찰이 모두 불타고 배소 안은 다시 희미한
어둠이 내려앉는다. 바로 그때, 들리는 괴이한 소리.

홍위, 보면... 창호지 문에 서 있는 검은 그림자.

홍위   (놀라는) 누구냐?

그림자는 말이 없다.

홍위   누구냐고 물었다!

그때, '으으으으'하는 소리가 나더니 벌컥 문이
열린다. 그리고 그 앞에 서 있는 피투성이의 매화.

매화   (피를 머금은 채) 전하, 어서 피하십시오...

하고 쓰러지면 마당 한가운데 서 있는 한명회.
한 손에 칼을 들고 있고, 10여 명의 수하들이 홍위를
향해 활을 겨누고 있다.
겁에 질린 얼굴로 경악하는 홍위.

한명회   (포효하는) 역적 이홍위는 죽음을 받으라!

그 말이 채 끝나기가 무섭게 홍위를 향해 날아오는
화살들.
파파파팍. 10여 개의 화살을 맞는 홍위. 마치
고슴도치처럼 화살이 꽂힌 채 비틀거린다.

한명회   (칼을 들고 달려오며) 죽어라!

56. 청령포 배소 (홍위의 방) ─ 실내/늦은 밤

'헉!' 잠에서 깬 홍위. 악몽에 식은땀을 흘리고 있다.
그 옆 화로에는 서찰이 타고 남은 재가 담겨 있다.

57. 영월 일각 ─ 실외/낮

칼을 든 사내들 앞에 무릎이 꿇린 채 앉아 있는
씬36의 외눈박이 사내. 그리고 그 앞에 서 있는
한명회.

한명회   노산에게 전한 서찰의 주인은 금성대군이렷다.
                그 내용이 무엇이냐?

외눈박이   (흔들림 없이) 세 치 혀 하나로 역사를 날조하고
                당상관까지 올라간 대감이 진실을 알아서 무엇을
                하겠소이까.

한명회   (웃으며) 배포가 제법이구나.

외눈박이   반란을 일으키고 옥좌를 훔친 대감과 수양의 배포에
                견줄 수 있겠습니까.

한명회   역적들의 가족들 대부분은 유배를 가거나 노비가
                된다. 그러나 내 친히 네 가족들은 사지를 찢어
                팔도에 뿌려주마.

외눈박이   한명회 네 이놈! 끝까지 뱀 같은 혀를 잘도
                놀리는구나. 전하를 욕보이고 사직을 더럽힌 대죄는
                만고에 없을 것이다! 하늘이 무섭지도 않느냐!!

한명회	(버럭) 강력한 왕권에 따른 부강한 조선! 나는 그 역사의 흐름을 따를 뿐이다.
외눈박이	도덕과 명분을 잃은 신념은...

하는데, 말이 끝나기가 무섭게 칼날이 외눈박이의 목을 벤다.

한명회	(피가 흘러내리는 칼을 든 채로) 노산과 통하는 자는 모두 죽어야 한다.

58. 영월 관아 중앙정청 - 실외/낮

중앙정청 앞에 군졸 7, 8명이 모여 영월군수의 지시를 받고 있다.

영월군수	오늘부터 유배자의 처소를 철통같이 지키라는 조정의 명이 내려왔다. (손가락으로 가리키며) 너희 네 명은 주야를 교대하여 대문을 지키고 나머지는 처소 주위를 순찰하라. 나 또한 관아에서 밤낮으로 대기하라는 명을 받았다. 이제부터 밤이고 낮이고 처소를 철통같이 경계해야 한다. 알겠느냐?
군졸들	예, 나으리.

군졸들 빠지면..

| 영월군수 | (짜증이 나는) 하..씨. 내일부터 창녕으로 유람을 |
| | 가기로 했었는데... 어찌 이다지도 일이 꼬이는가.... |

59. 흥도의 집 마당 - 실외/낮

망태를 들고 집을 나서는 흥도가 보인다.

태산	어디 가십니까?
흥도	노산군이 밤마다 악몽을 꾼댄다.
	천마가 숙면에 좋다니 한번 캐어볼까 싶어서.
태산	아들보다 더 챙기십니다.
흥도	너도 악몽을 꾸느냐?
태산	네, 아주 끔찍한 악몽을 자주 꿉니다.
흥도	? 꿈에 귀신이라도 나오는 거냐?
태산	아버지가 나옵니다.

피식 웃는 흥도.

흥도	(태산의 손에 들려있는 한지들을 보고) 그건 무어냐?
태산	마을 아이들이 언문으로 쓴 글입니다.
	노산군께서 직접 보고 싶다고 하셔서 아이들이
	정성을 다해 썼습니다.
흥도	(기분이 좋은) 허허, 우리 광천골에 배움의 바람이
	부는구나.

60. 청령포 배소 앞 - 실외/낮

태산이 아이들이 쓴 한지를 들고 배소로 다가온다.

저만치 배소를 지키는 군졸들의 모습이 보인다.
어찌할까 생각하다가 주위 살피며 훌쩍 담벼락을
뛰어넘으려는 태산인데 누군가 와락 태산의 발목을
잡는!
놀라며 뒤돌아보는 태산.

61. 산 속 - 실외/낮

천마를 땅에서 캐는 홍도. 망태에 담긴 마를 들고
일어난다.

62. 청령포 배소 마당 - 실외/낮

대청마루에 선 채로 화살이 없는 활을 든 홍위가
허공을 겨눈 채 활시위를 당기고 있다. 활시위가
끊어질 정도로 힘껏 당겼다 손을 놓는 홍위.
진짜 날아가는 화살을 보는 것처럼 허공을
응시하다가 속이 크게 긴 숨 내쉬는 홍위. 언제
들어왔는지 천마가 가득 담겨진 망태를 둘러맨
홍도가 그 모습을 보고 있다.

홍도	무엇을 향해 쏘셨습니까.
홍위	...나다. 나약하고 어리석어서 자기 사람들을 지키지 못한 나 자신을 향해 쐈다.
홍도	(홍위의 말에 멈칫하다가 분위기 바꿔서) 아이고, 나으리가 나약해요? 나약한데 어떻게 호랑이를 잡아요? 그것도 이따시만한 호랑이를. 그리고 어리석은데 어떻게 그 일자무식쟁이들한테 글을 가르칩니까? (붓글씨 시늉) 아주 좔좔좔.. 고로 나으리는 전혀 안 나약하고 안 어리석다 이겁니다!
홍위	(피식 미소 지으며) 니 말을 듣고 보니 그렇구나. 그래, 나는 아주 똑똑이에다...
홍도	(말을 이어) 천하장사다!

서로를 보며 웃는 홍도와 홍위.
그때 대문 밖에서 들려오는, 들어오려는 용이와 막는 군졸들의 옥신각신하는 소리. 대문 쪽을 보는 홍도와 홍위.

용이	(문밖에서) 촌장님 큰일 났습니다! 태산이가 관아에 끌려갔습니다!
홍도	!!!!!

63. 영월 관아 앞 - 실외/낮

심장이 터져라 관아 앞으로 달려오는 홍도. 앞을

막아서는 병사들.

흥도   비키시오! 내 아들이 붙잡혀 왔다는데, 무슨 연유인지
            군수 나으리를 만나봐야겠소. (병사들이 밀치려 하자
            버럭) 비키라 했다, 이놈들아!

            병사들 거칠게 밀치며 관아 안으로 들어서는 흥도.

64. 영월 관아 안, 안채 － 실외, 실내/낮

            안으로 뛰어들던 흥도, 두리번거리다가 퍽! 퍽!
            소리에 멈칫한다. 관아 한가운데 틀에 묶인 채 곤장을
            맞고 있는 태산,
            이미 곤죽이 되도록 얻어맞은 듯 피투성이가 되어
            있어 거의 실신 직전이다. 믿을 수 없는 광경에
            비틀대며 아들을 향해 걸어가는.

흥도   ...태산아.

            태산, 고개 돌려 아버지를 보는 순간 참았던 눈물이
            터져 나온다.

흥도   이 이게 대체 무슨... (영월군수를 향해) 이게 무슨
            일입니까?!
영월군수   유배자의 처소를 몰래 드나드는 자가 있다 하여

잡아오라 일렀다.

흥도   제 아들입니다! 몰래 드나든 것이 아니라 제가
심부름을 보낸 것입니다.

영월군수   유배지에 보수주인 이외에는 드나들 수 없다 하지
않았느냐. 장 백 대를 맞아야 할 것이다.

흥도   제가 맞겠습니다! 제발 아들놈을 풀어주십시오!

영월군수   여봐라. (군사들에게) 저놈을 당장 끌어내라!

군사들이 달려와 흥도를 붙잡는다. '나으리, 나으리!'
몸부림치는 흥도.

그러다가 관아 안채에서 들려오는 익숙한 음성의
웃음소리.
'내가 올 때마다 소란을 부리는 자로구나.'
멈칫하는 흥도. 누가 이곳에 왔는지를 직감한다.
열려 있는 안채의 창에 쳐진 발 너머 보이는 한명회의
실루엣.

군사들을 거칠게 밀치고 댓돌 앞에 무릎을 꿇는 흥도.

흥도   나으리, 광천골 촌장 엄흥도이옵니다!

방에선 대답이 없다.

흥도   나으리, 용서해 주십시오! 저희가 무지해 잘못을
저질렀습니다!

두 눈을 질끈 감고 있던 흥도가 눈을 뜨고 고개 들어
앞에 앉은 한명회를 바라본다. 앉은 채 묘한 얼굴로
흥도를 바라보고 있는 한명회.

한명회	기괴하고 흉흉한 소문이 들려 내 와보았더니. 네놈이 일을 해괴하게 하고 있더구나.
흥도	잘못했습니다! 다 제 탓입니다. 그러니 저를 벌하시고 제발 제 아들놈은...
한명회	지엄한 국법을 어긴 것은 그 죄가 결코 작다 얘기할 수 없다.
흥도	천번만번 지당하십니다. 하지만 장 백 대면 죽거나 병신이 되옵니다. 제발.. 불쌍하고 무지한 저희 부자에게 은혜를...
한명회	계속 쳐라!

한명회의 지시에 따라 곤장을 치는 군졸들.
그때, '당장 멈추어라!' 하는 소리.
일동, 돌아보면 물에 젖은 홍위와 매화다.
그 뒤로 어찌할 바를 몰라 하는 배소의 군졸들.

흥도, 한명회	!!!!

영월군수 앞으로 걸어오는 홍위.

홍위	당장 저자를 풀어주어라.
영월군수	배소를 함부로 드나든 자이옵니다. 도적질을

하였을지, 노산군 나으리를 해하려 했을지 모르는
일이옵니다.

홍위   내가 불렀다. 유배 생활이 적적하여 말동무나 할까
하여 내가 부른 것이다. 그러니 풀어주어라.

난감한 영월군수, 안채 쪽을 향해 묻는다.

영월군수   어...어찌 할까요, 대감마님?
한명회   (차가운 얼굴로) 계속 쳐라.
홍위, 흥도   !!!!
한명회   죽을 때까지 쳐라. 쳐 죽여라.
흥도   나...나으리! 제발...!
홍위   (포효하는) 한명회! 네놈이 감히 왕족을 능멸하는가!
한명회   (여전히 방 안에 앉은 채 호통친다) 노산 저것이 아직도
자기가 왕인 줄 아는구나!

뜯어내듯 거칠게 발을 잡아 내리는 한명회.
관아 마당에 서 있는 홍위와 안채에 앉아 있는
한명회의 눈빛이 무섭게 격돌한다.

홍위   (한명회를 노려보며) 한명회! 네 이놈!
한명회   (홍위를 노려보며) 쳐라! 쳐 죽여라!
홍위   치지 말라 했다!
한명회   노산군께서 지금 당장 배소로 가지 않으면
이백 대! 삼백 대! 오늘 저놈은 맞아 죽을 것입니다.

흔들리는 홍위.

홍도 (그런 홍위를 보며) ...가시오. 나으리. 이러면 우리가
더 고초를 겪으니 돌아가시오.

홍위 ....

홍도 제발 가란 말이오! 태산이를 죽인다 하지 않소!

분노와 무기력함에 치를 떠는 홍위.

영월군수 뭣들 하느냐. 노산군을 배소로 뫼시어라.

어쩔 수 없음을 깨닫고 뒤돌아 관아를 나간다.
희미한 눈으로 그런 홍위의 뒷모습을 보는 태산.
홍도, 다시 한명회를 향해 엎드린 채 머리를
조아린다.

홍도 제가 잊었습니다! 누가 이 나라의 왕인지, 누구
명을 따라야 하는지, 이 무지하고 천한 놈이 잠시
잊었습니다!

머리를 바닥에 쿵~박으며 괴로워하는 홍도.
지켜보는 한명회.

65. 영월 관아 안채 ─ 실내/낮

한명회. 바로 옆에 앉아 있는 수하에게,

한명회 이제 한시도 지체할 수 없다. 노산의 눈이 달라졌다.
힘없고 병약했던 그 눈이 이곳에 와서... 범의 눈이
되었다.

66. 청령포 배소 (홍위의 방) ─ 실내/밤

켜져 있는 희미한 호롱불 아래 앉아 있는 홍위. 앞에
펼쳐진 한지에는 아무것도 쓰여 있지 않다.
결심한 듯 붓을 들어 글을 써 내려가는 홍위.
좀 전과는 달리 결연한 얼굴이다.

67. 금성대군의 거처 안, 홍위의 방, 한명회 집 ─ 실내/늦은 밤

측근들과 함께 방에 모여 무언가를 얘기하는
금성대군.

금성대군 실종이 되었다?
수하1 네, 대군마마의 분부를 받고 영월로 간 지 며칠이
지났는데도 돌아오기는커녕 기별조차 없사옵니다.
금성대군 (잠시 생각하다가) 네가 영월로 가라. 가서 표식을

확인하라.

나가는 수하1.
금성대군과 측근들이 심각한 얼굴로 밀담을 나누고
있다. 그 위로 한명회의 소리. 결연한 얼굴로 서찰을
완성해 가는 홍위와 한명회의 모습이 교차된다.

한명회   (소리) 금성대군이 군사들을 일으켜 전하를 몰아내고
노산을 다시 왕위에 앉히려 하는 것이 분명하다.
짐작건대, 오늘 일로 노산의 마음은 더욱 굳을
것이다. 분명히... 역모에 동참할 것이다...

68. 청령포 배소 (마루, 밖), 검각산 일각 - 실외/밤

밝은 보름달이 떠 있고 마당 밖 담벼락을 돌며 순찰을
하는 군졸들.

대청마루에 활을 든 채 서 있는 홍위.
저 멀리 강 건너 검각산 한 봉우리의 커다란 나무에
흰색 저고리가 펄럭이는 것이 보인다. 활을 들어 힘껏
시위를 당기는 홍위.
활시위의 정점에 달한 홍위의 눈은 범접할 수 없는
결기가 서려 있다.
시위를 놓는 홍위의 손을 떠난 화살이 긴 포물선을
그리며 밤하늘을 가로지르더니..

팍! 흰 저고리가 걸린 나무에 명중한다. 꽂힌
화살에는 홍위의 서신이 매어져 있다.
이윽고 어둠 속에서 나타난 누군가가 나무에 박힌
화살을 뽑아 다시 사라진다. 배소 대청마루에서 그
모습을 보고 있는 홍위.

69. 광천골 강가 일각, 홍도의 집 (방 안) - 실외, 실내/밤

홍위의 화살을 든 사내가 사방을 살피다 대기 시켜둔
나룻배를 저어 어둠 속으로 사라진다.
그 모습을 먼발치에서 보고 있는 사내. (홍도)

인서트.
홍도의 방 안.
식은땀을 흘리며 고열에 시달리고 있는 태산.

다시 강가, 한걸음 나와 달빛에 얼굴이 드러나면..
홍도다. 그 위로 한명회의 소리.

한명회 (소리) 노산이 죽어야 네 아들이 산다. 그리고 마을이
산다. 너는 내가 떠날 때까지 그 증좌를 반드시 손에
쥐어야 한다.

70. 순흥 사대부 집 - 실외/새벽

날이 밝았다.

71. 순흥 사대부 집 안 별채, 홍위의 방 - 실내/새벽, 밤

밤을 지새운 듯 초조함 속에 기다리는 금성대군과
측근들.

판한성부사   벌써 한 달이 지났습니다, 분명 우리의 서찰을 보셨을
          터인데, 왜 이리 답신이 오지 않는지...
금성대군   번민이 되시겠지요. 기다려 봅시다.
동지중추원사 만약 답신이 오지 않는다면 우리는 어찌해야 하는
          것입니까?
판한성부사   한양성으로 출정할 병력이 모두 준비가 되었소. 더
          늦출 순 없소이다. 전하의 윤허가 없더라도 거사를
          치러야지요.
금성대군   (침묵을 깨고) 그건 안 됩니다. 전하의 윤허가 없는
          명분 없는 거사는 성공한다 해도 민심의 지지를 받지
          못해 결국 실패할 것이오.

답답한 상황. 모두가 말이 없다.
그때, 방문이 열리고 들어오는 금성대군의 수하.
품에서 꺼내는 것은 홍위의 화살이다.

cut to.

홍위의 서찰을 보고 있는 금성대군과 서찰을 써
내려가고 있는 홍위의 모습이 번갈아 보여지며
홍위의 소리.

홍위 (소리) 숙부님, 강녕하신지요. 한 달 전 보내주신
    서찰을 읽고 저는 사실 그저 두렵기만 했습니다.
    서찰에서 말씀하셨지요. 설령 거사가 성공하지 못해
    잘못된 역사를 바로잡을 수 없다고 하여도, 역사를
    바로잡으려는 노력을 했다는, 우리가 저항했다는
    기록을 후대에 남겨야 한다구요.

72. 청령포 배소 (홍위의 방) - 실내/밤

정제된 의복을 입고 갓을 쓰는 홍위. 그 위로.

홍위 (소리) 숙부님의 지당한 뜻을 애써 외면하던
    저는 이제 더 이상 나약한 유배자가 아닌, 역사의
    증언자로서 숙부님과 함께 뜻을 같이 하겠습니다.

굳은 의지에 찬 결연한 눈으로 고개를 드는 홍위.

홍위 (소리) 숙부님께서 일전에 보내주신 서찰에서
    말씀하신 단양의 마대산 골짜기 초입 성황당 나무
    아래로 갑술일 밤 자시까지 가겠습니다. 잘못된

역사를 다시금 바로잡기 위해, 조선의 종묘사직과
백성들의 안녕을 위해..

결연한 홍위 얼굴 위로 치는 번개, 빗소리가 들리기
시작한다.

73. 한명회의 집 − 실내/밤

수하의 보고를 받은 한명회의 얼굴 위로 천둥번개가
명멸하고 있다.

한명회 (쏟아지는 비를 보며) 피바람이 불겠구나. 떠날 채비를
하라.

속마음을 알 수 없는 한명회의 얼굴에 다시 명멸하는
번개.

74. 순흥 집결지 − 실외/밤

이곳에서도 비바람이 몰아치고 있다.
무장을 한 동지중추원사와 부하들 뒤로 도열해
있는 7, 8기의 군마들. 그 앞에 서 있는 갑옷차림의
금성대군.

금성대군 이제 모든 준비가 끝났다. 너희들은 지금 즉시 단양

| 동지중추원사 | 땅으로 가라. 가서 전하를 뫼시고 와라.
예, 대군 나으리. 가자! |

말을 마치자마자 출발한다. '이랴!'
멀어지는 동지중추원사와 부하들을 보고 있는
금성대군. 남아 있는 병사들을 바라보며.

| 금성대군 | 전하가 이곳에 당도하시는 즉시 우리는 한양 땅으로
진격할 것이다. |

카메라, 금성대군의 뒤로 빠지면 수백, 수천의 무장
병력들이 빗속에 도열해 있다. 금성대군의 말에
함성을 지르는 병력들.

75. 청령포 배소 (홍위의 방, 방 밖, 대문 밖) – 실내, 실외/밤

대문 앞. 비를 피해 처마 밑에서 졸고 있는 군졸들.

홍위의 방.
의복을 정제한 홍위가 방 창문을 열고 나서려는데,
창문 앞에 서 있는 홍도를 발견한다.

홍도	(전과는 다른 말투로) 하지 마십시오.
홍위	하지 말라? 무엇을?
홍도	그것이 무엇이든 하고자 하시는 일을 하지 마십시오.

홍위	(뭔가 심상치 않음을 느끼며) 그게 무슨 소리냐?
홍도	금성대군이 나으리를 부추겨 역모를 일으키려 한다고 들었습니다.
홍위	!!!

마당 한켠에서 귀 기울여 대화를 듣던 매화의 표정이 심각해진다.

홍도	한명회 대감에게 들었습니다. 그러니 나으리의 일거수일투족을 남김없이 고하라고. 이상한 낌새가 있으면 지체 없이 관아에 고하라 하였습니다.
홍위	(애써 태연하게) .... 그래서 이상한 낌새를 느꼈느냐?
홍도	나으리의 은밀한 서찰을 가지고 떠나는 사내를 보았습니다.
홍위	!!!
홍도	그러니 지금이라도 멈추십시오.
홍위	멈추지 않는다면...?
홍도	나는... 관아로 갈 것이오.

빗소리 속에 무거운 침묵이 흐른다. 안타까워하고 있는 매화.
말 없는 복잡한 심경으로 서로를 보는 두 사람.
빗소리만이 정적을 메운다.

76. 몽타주 - 실외/밤

─ 쏟아지는 빗속을 달리는 홍도. 흐르는 눈물이 비에
섞여서 얼굴을 타고 내린다. 그 위로 홍위의 소리.

홍위　　(소리) 단 한 번도 자신의 의지대로 살지 못한 삶을
아느냐? 아바마마의 뜻으로 세자가 되었고 왕위에
올랐고. 수양숙부의 야심으로 쫓겨나 이 신세가
되었다.

─ 동지중추원사와 그의 부하들이 빗길로 말을 달리고
있다. 그리고.

─ 군사들 앞에 서서 '드디어 그릇된 거짓 역사를
끝낼 때가 왔다!' 독려하는 금성대군. 결연한 얼굴의
군사들.

금성대군　이제 반역의 시대를 끝내고 백성을 위한 새로운
조선의 시대를 열 것이다! 지금 즉시 기마대를 필두로
한 선발대는 출정하라!

함성을 지르는 군사들.

─ 밤길. 말을 달리는 한명회와 그 수하들.

─ 배소 주변을 벗어나고 있는 홍위.

| 홍위 | (소리) 그리고 이곳 광천골에 처음 왔을 때, 나는 살아 있어도 산 것이 아니고, 숨을 쉬고 있어도 공기를 마시지 못했다. 그러나 이제 안다. 왜 하늘이 아직까지 나를 이승에 머물게 했는지 어찌하여 내가 살아야 하는지.. |

- 달려오던 홍도가 멈춘다.
카메라, 빠지면... 영월 관아 대문 앞이다. 생각에 잠기는 홍도. 굳은 결심을 한 듯, 문을 두드리려 한다.

| 홍위 | (소리) 그것을 알게 해준 사람들이 그대와 태산, 그리고 마을 사람들이다. 난 멈추지 않겠다. 그리고 그대는 관아로 가라. 그리하면 그대와 마을 사람 모두가 해를 입지 않을 것이다. |

- 밤길을 달리는 수백의 기마대. 그 기세가 대단하다.

77. 산길 - 실외/밤

어느새 비가 그쳤다. 구름이 걷히자 밝은 달이 보인다. 어두운 산길을 헤매듯 걸어가고 있는 홍위. 한참을 걷다가 갈림길 앞에 선다.
품 안에서 조악하고 낡은 지도를 꺼내 길을 확인하고 다시 고개를 드는데, 저 앞에 서 있는 그림자. 비에 홀딱 젖은 홍도다.

홍도	기어이 파국의 길로 가시려는 겁니까?
홍위	내 아내인 중전은 노비가 되었고, 내 장인은 사약을 받았다. 내가 믿고 의지하던 신하들도 모두 죽임을 당했다. (눈가에 눈물이 맺힌다) 더 이상 나로 인해 내가 아끼고 사랑하던 사람들을 잃고 싶지 않다. 이제 내 스스로 나의 길을 갈 시간이 되었다. 그동안 고마웠다. 모두에게 안부 전해주어라.

하고는 홍도를 지나쳐 산길로 걸어간다.
차마 홍위를 잡지 못하고 멀어져 가는 홍위의
뒷모습을 바라보는 홍도. 몇 발자국을 갔을까...

홍도	(그 자리에 선 채) 아끼고 사랑하는 사람을 잃고 싶지 않다고 하셨는데, 저도... 그중 하나입니까?
홍위	(천천히 뒤돌아보고는) .... 그대는 아닌가?
홍도	(주루룩 눈물이 흘러내린다) 저도... 그러합니다. 그러니 마지막 길을 같이 가게 해주십시오.

말없이 서로를 바라보는 두 사람.

홍위	허락한다...

78. 청령포 배소 - 실내/밤

홍위의 경상(작은 탁자) 위의 서찰을 집어 드는 매화.

편지를 읽으며 눈물을 흘리는 매화의 모습에서
디졸브되면 하염없이 눈물을 흘리는 매화가 홍위가
간 방향을 향해 큰절을 올리고 있다.

79. 순흥 집결지, 선발대의 이동 동선, 순흥 사대부의 집─실내, 실외/밤

- 집결지.
출정 준비를 마친 복장의 금성대군과 측근들이
지도를 보고 있다.

순흥부사   지금쯤 선발대가 단양을 지나 제천에 당도했을
것입니다. 거기서 우리 군을 기다리는 병력이
있습니다.

- 제천 밤길 일각.
말을 탄 갑옷 차림의 장수 두 명이 길 한가운데에서
금성대군의 병력을 기다리고 있다. 주변을
둘러보지만 아무런 병력의 움직임이 보이지 않자
초조해지는데,
순간, 물 고인 웅덩이가 파문이 일기 시작하면서
바닥이 진동하는 소리가 들려온다. 그리고 저
멀리에서 무서운 기세로 달려오는 금성대군의
기마대.
기마대가 당도하자 길 양쪽에서 횃불을 켠 채
합류하는 병력들.

순식간에 불어나는 무리. 합쳐진 병력으로 다시
무서운 기세로 진군한다. 그 위로.

순흥부사   (소리) 그 병력이 합류한 선발대의 군세와 사기는
하늘을 찌를 것이옵니다. 합세한 병력들과 함께 길을
따라 여주를 거쳐 매봉산에 집결해 전하의 명을
기다릴 것입니다.

– 순흥 사대부의 집.

순흥부사   전하께서 이곳에 당도하시면 본진을 이끌고 매봉에
있는 병력과 합세하면, 동트기 전에 한양성 숭례문에
당도할 수 있습니다.

기천현감   성의 문지기가 우리와 함께 하기로 하였으니 별다른
저항 없이 성에 진입할 수 있습니다. 숭례문에서
궁궐까지는 한 식경이면 충분합니다.

결연한 눈으로 고개를 끄덕이던 금성대군,

금성대군   지금쯤 전하를 뵈었겠지요?
(걱정이 되는) 제발 무사히 동지중추원사와 만나셔야
할 텐데...

80. 모처 밤길 - 실외/밤

거친 숨을 내뱉으며 달리는 군마.
기마대를 필두로 무서운 기세로 한양을 향해
진군하는 병력들.

81. 마대산 일각 - 실외/밤

산길을 가고 있는 두 사람.

흥도   나으리를 처음 뵈었을 때가 기억이 납니다. 청령포
        어귀에 도착했을 때였지요.
흥위   어땠나? 그때의 나는.
흥도   어땠을 것 같습니까?
흥위   (생각해 보는) 음... 참으로 잘생겼구나..
흥도   (진지하게) 외모는 제가 훨씬 낫지요.

서로의 농담에 피식 웃는 두 사람.

흥도   다 왔습니다. 저기 보이는 곳이 골짜기 초입입니다.

두 사람의 시선으로 보이는 성황당의 고목.

cut to.
고목 앞으로 다가오는 두 사람. 주위를 둘러보지만

아무도 없다. 의아해하는 두 사람.

홍도   아무도 없습니다.
홍위   분명 여기가 맞는데...

하는데, 성황당 고목 뒤로 나타나는 그림자들.
홍도와 홍위 당황해하는데, 동지중추원사와 10명의
부하들이다.

동지중추원사   전하! 소인 동지중추원사 조유례라 하옵니다.

반색하는 홍위와 홍도.

홍위   모두들 여기까지 오느라 수고가 많았소.
동지중추원사   거사를 치를 모든 준비가 끝났습니다.
            가시지요. 전하.

발걸음을 옮기는 순간, 어둠 속에서 들려오는 소리.
'어디를 그리 급하게 가는 겁니까'
일동, 보면... 어둠 속 숲에서 모습을 드러내는
한명회와 백여 명의 군사들.

홍위   한명회...!

동지중추원사와 부하들이 일제히 칼을 빼어 든다.

한명회	내가 왜 금성과 노산군을 지척인 순흥과 영월에 유배시켰는지 알겠는가? 불순한 역모의 수괴들이 접촉을 하는 그 순간. 이날을 위해서였다.
홍위	(분함을 감출 수가 없다)!
한명회	(주위 군사들에게) 저 간악한 역도의 무리들을 처단하라!

명령과 함께 함성을 지르며 홍위 일행을 향해 달려오는 군사들.

동지중추원사	(달려오는 군사들을 노려보며) 전하를 안전하게 뫼시어라! 여기는 내가 맡겠다.

동지중추원사와 부하 세 명이 달려오는 한명회의 군사들을 대적하기 시작한다. 나머지 부하들의 인도를 받으며 황급히 자리를 피하는 홍위와 홍도. 동지중추원사와 부하들, 날랜 검술로 달려드는 군사들을 베어 버리지만 계속 몰려드는 상대의 병력에 고전한다.
하나둘씩 공격을 받아 쓰러지는 부하들.
여기저기 칼에 베인 동지중추원사만이 병력들에 포위된 채 홀로 고군분투하고 있다. 어느새 피투성이가 된 동지중추원사. 혼신의 힘을 다해 달려드는 그 순간.
'픽'하는 소리와 함께 이마에 화살을 맞고 장렬히 쓰러지며 프레임 아웃되면.. 활을 든 채 차가운 미소를 짓고 있는 한명회.

82. 또 다른 일각 - 실외/밤

동지중추원사의 부하들과 함께 다급히 피신하고
있는 홍위와 홍도. 그러다 어느 순간 앞을 보고
멈칫한다.
카메라, 앞을 비추면... 20여 명의 궁수들이 활을
겨누고 있다.

홍위, 홍도   !!!

83. 순흥 사대부의 집 별채 - 실내/밤

갑옷을 입은 채 초조한 얼굴로 홍위를 기다리는
금성대군과 측근들.

순흥부사   벌써 당도하셨을 시간인데, 왜 이리 늦으시는 건가....
기천현감   더 이상 지체할 수 없습니다. 대규모 병력의 이동
시간이 길면 길수록 저들이 눈치챌 수 있습니다.
순흥부사   그렇습니다. 여기 앉아서 기다릴 수만은 없사옵니다.

시름에 빠진 금성대군.
이윽고 결심한 듯

| 금성대군 | 지금 즉시 본진 병력을 이끌고 단양 마대산으로 간다. 내 직접 전하를 모시고 한양으로 진격할 것이다. |

하며 일어나 방문을 열고 나가는 금성대군과 측근들.

84. 동 마당 - 실외/밤 마당으로 나오는 금성대군.

마당에 쓰러져 있는 군사들의 시신을 보고 아뿔싸!
하는 표정이 된다.
카메라 빠지면.... 거처를 둘러싼 기와지붕 위에 수십
명의 궁수들이 활을 겨누고 있다.

85. 마대산 일각 (82씬 동일 장소) - 실외/밤

궁수들에 포위되어 있는 홍위와 홍도. 그리고 무장들.
그 위로 '부질없는 짓이다.' 하는 소리에 돌아보면
어느새 병력을 데리고 나타난 한명회.

홍위, 홍도	!!!
한명회	(홍위에게) 저항하면 저항할수록 너를 따르는 자들이 피를 흘릴 것이다.
홍위	한명회 네 이놈! 진정 역사의 죄인이 되고 싶은 것이냐!
한명회	(가만히 보다가) 쏴라!

말이 끝나기가 무섭게 일제히 날아드는 화살에
동지중추원사의 부하들이 고슴도치가 되어 힘없이
쓰러지고.. 홍위를 보호하려던 홍도도 팔에 화살을
맞는다.
절망하는 홍위.
가만히 홍위를 보던 한명회.

한명회   (홍도에게 성큼성큼 다가와 고요히) 내 한 손엔 칼을,
         한 손엔 상을 들고 다시 너를 찾겠다고 했다. 헌데
         네놈이 결국은 칼을 불렀으렷다. 광천골 전체에
         피바람이 불 터....! 네놈과 네 아들은 물론이고 너의
         마을 어디에서도 산 것이라고는 구경할 수 없을
         것이다!
홍도   (겁에 질려 무릎을 꿇으며) 나... 나으리!
홍위   (말을 자르며 홍도에게) 네 이노옴!!

한명회가 흠칫 고개를 돌려 홍위를 쳐다본다.

홍위   (홍도의 멱살을 잡으며) 내 서찰을 훔쳐보고 앞장서서
         길을 인도하더니 이런 함정을 꾸민 것이구나! 네놈이
         한명회에게 충성을 맹세하고 무엇을 약조 받았더냐.
         네 아들의 입신양명이었더냐! 미천한 네놈이 나를
         기만하고 능멸하다니, 이 천벌 받을 놈!!

홍위의 속뜻을 아는 홍도는 그저 눈물을 흘릴 뿐이다.
묘한 미소로 그 모습을 지켜보는 한명회.

| 한명회 | 어찌 됐든 상관없다. 대역죄인을 포박하라. |

86. 영월 관아 앞 - 실외/낮

이 자리를 며칠 동안 지킨 듯이 초췌한 몰골의 홍도.
담벼락 아래 우두커니 주저앉아 있다.
군졸들(청령포 배소의 군졸)이 그런 홍도를 보지만
내쫓지 않고 둔다.

| 홍도 | (힘없는 목소리로 중얼거리는) 나으리... 보수주인
엄홍돕니다... 나으리... |

불어오는 한기 서린 바람에 하늘을 보면 까마귀 떼가
뒤덮고 있다. 찡그린 눈으로 물끄러미 까마귀 떼를
바라본다.

87. 영월 관아 앞, 안 - 실외/밤

어느새 인적이 없는 깊은 밤. 여전히 담벼락에 기대
주저앉아 있는 홍도.

| 매화 | (소리) 아직 계십니까..? |

홍도 보면, 대문 옆 틈새 너머로 모습을 드러내는

매화.

88. 영월 관아 안 - 실외/밤

매화가 열어준 쪽문으로 몰래 들어오는 홍도.
멀리서 정문을 지키는 군졸들이 두 사람을 보지만
모른 척 한다. 매화의 안내를 받아 안채 쪽으로
향하는 홍도.

89. 관풍헌 안 - 실내/밤

생각에 잠겨 있는 홍위.
스르륵 문이 열리고 보면.. 매화가 서 있고 그 뒤로
홍도가 모습을 드러낸다. 반가움에 미소가 그려지는
홍위.
미소 짓는 홍도, 반가움에 눈물이 그렁 맺힌다.

cut to.
적막이 흐르는 가운데 마주 보고 앉은 두 사람.
서로를 지그시 바라보고 있다.

홍도	지낼 만하십니까?
홍위	(담담하게) 내 막동어멈이 해주는 무국 생각이
	나서 혼났다. 막동이가 천자문은 잘 떼고 있는지도

궁금하고, 윤노인과 막동아재, 용이가 사냥은 무사히
다녀왔는지, 태산이도 열심히 글공부를 하고 있는지,
속이 여린 함평댁 마음이 다치지는 않았을지도
걱정이 되는구나.

홍도 (다시금 눈물이 글썽인다) ... 다들 잘 지냅니다...

홍위 그리고 무엇보다 보수주인의 얼굴이 보고 싶었다.

홍도 (자신도 모르게 눈물이 주루룩) 이 잘생긴 얼굴
말입니까?

홍위 다시 보니 여전히 출중한 외모로다.

문밖의 매화, 둘의 대화에 눈물이 맺힌 채 미소
짓는다.

홍위 내 긴히 부탁할 일이 있다.

홍도 ?

홍위 방 한켠을 본다.
홍도의 시선이 따라가 보면..... 구석에 덩그러니 놓인
활시위가 눈에 들어온다. 그 위로 '전하!'하는 외침이
들려온다.

90. 안동 관아 — 실외/낮

금성대군 앞에 사약이 담긴 그릇이 놓여 있다.

금성대군 신이 부족하여 전하의 안위를 모시지 못했사옵니다,
부디 강녕하시옵소서.

금성대군, 한양 쪽을 향해 있던 몸을 돌려 북쪽
영월을 향해 네 번 절한다. 사약을 마시는 금성대군.
쓰러진다.

91. 영월 관아 앞 - 실외/낮

화면 밝아지면 관아 앞에 몰려 있는 사람들이 보인다.
사람들을 헤치고 관아로 뛰어 들어가는 태산.
그 위로 '대역죄인 이홍위는… 사약을 받으라!'라는
소리.

92. 관풍헌 (마당, 방 안) - 실외, 실내/낮

마당에 덩그러니 놓여 있는 반상 위의 사약. 그
앞에서 교지를 펼치는 금부도사.
마당에는 망연자실한 홍도를 비롯한 광천골
사람들과 백성들이 모여 있고 그 옆으로 태산이 선다.

금부도사 (눈시울이 붉어진 채 떨리는 목소리로) 역적 이홍위는
주상전하의 하해와 같은 성은에도 불구하고
금성대군을 비롯한 일당들과 함께 천인공노할

역모를 꾀하였다. 이에 사약을 내리노라. (교지를
접고 홍위의 거처를 향해) 어명이니 어서 나와 사약을
받으라! 그렇지 않으면... 강제로 먹일 것이다!

방 안.
미동도 없이 꿋꿋한 모습으로 자리에 앉아 있는 홍위.

다시 마당.
태산과 마을 사람들이 안타까움과 무기력함에 어쩔
줄을 몰라 하는 사이. 방안의 홍위가 여전히 반응이
없자 옆에 선 관군들에게 고갯짓하는 금부도사.

금부도사   죄인을 끌어내라!

관군들이 문을 열려고 하는데 문이 잠겨 있다. 문을
부수려고 하는 관군들.
그때, 방 안에서 벼락같은 홍위의 고함이 터져
나온다.

홍위   (소리) 네 이놈들!! 무엄하다! 감히 왕족의 거처를
부수려 하느냐!

홍위의 벼락같은 호령의 기세에 눌려 어찌할 바를
모르는 관군들. 금부도사 역시 당혹스러워하는데...
'이런 육실헐!' 하는 소리.

마당의 일동, 고개를 돌려보면 씩씩거리고 있는
홍도다.
광인처럼 등장한 홍도가 말릴 새도 없이 관군들을
헤치고 방 앞으로 다가간다.

홍도   (다 들으란 듯이 고래고래) 천하의 역적 하나 어쩌지
            못하고 이게 무슨 꼴이오?
영월군수   뭐 하는 짓이냐?
홍도   (금부도사에게) 제게 잠시만 시간을 주시면 저 죄인을
            끌어내겠습니다. 나으리!

            금부도사, 관군들에게 뒤로 빠지라는 손짓하면.
            홍도가 문 앞에 바짝 얼굴을 들이민다.

홍도   나으리, 보수주인 엄흥돕니다! 시간이 되었습니다.
            이제 강을 건너가셔야 할 땝니다!! (차마 나오지
            않는 말을 억지로 쏟아내는) 제가 나으리를 건너게
            해드리겠습니다! 가십시다, 나으리!

            충혈된 눈으로 굳게 닫힌 방문을 바라보는 홍도.
            순간 방문 창호지 한켠이 뚫리더니 긴 활줄이
            뱀처럼 늘여져 나온다. 활줄을 집어 드는 홍도. 손에
            매듭처럼 묶더니 잡아당기기 시작한다! 태산과 마을
            사람들 놀라 홍도를 바라보는!

막동아재   뭐하는 거야... 왜 저래!

모두들, 당황해하며 영문을 모르는 얼굴로 보기만
하는데, 더욱 힘껏 활줄을 당기는 홍도. 핏빛으로
충혈되어 있는 홍도의 눈동자에서.

93. 홍도의 회상 (관풍헌 안) - 실내/밤

씬89 이후 상황. 홍위가 홍도의 손을 꼭 붙잡고 있다.
퍼뜩 고개 들어 홍위를 바라보는 홍도.

홍위	때가 되면 그대 손으로 날 죽여달라.
홍도	!!!!
홍위	저들 손에 죽긴 싫다. 저들이 내린 사약에 죽는 건 죽어도..
홍도	(뭐라 말을 하지 못하고 그저 눈물만)
홍위	부탁이오. 그대의 손으로 강을 건너게 해주오.

문 밖에서 눈물을 흘리는 매화.

94. 관풍헌 (마당, 방 안) - 실외, 실내/낮

이를 악물며 줄을 당기는 홍도.
괴물 같은 홍도의 모습에 너무 놀라 지켜보기만 하는
사람들. 모든 사실을 아는 매화는 그저 하염없는
눈물을 흘리고 있다.

홍위가 몸부림이라도 치는지 활줄이 흔들리기
시작하더니 홍도가 끌려간다. 활줄을 놓치는가
싶더니 더욱 꽉 움켜쥐며 절규하는.

홍도의 손이 활줄에 베여 피가 흘러내린다.

홍도　　조금만 참으십시오! 나으리. 이제 곧 강을 건너
강가에 도착할 것입니다...

방 안. 눈물이 맺혀 있는 홍위의 눈동자.

다시 방 앞, 터질 것 같은 팔뚝의 힘줄... 끊어질 듯
팽팽한 활줄...
더 이상 버틸 수 없다 여기는 순간 느닷없이 관풍헌에
적막이 찾아온다. 이때부터 화면 고속으로 바뀌며
홍도의 손에 감긴 활줄이 스르륵 풀려나가고. 그제야
관군들이 방문을 부수며 안으로 진입한다.
우두커니 선 채 방안을 바라보는 홍도의 슬픈 눈..
뒤쪽에서 홍도를 밀치며 안으로 들어가는 사람들.

홍도　　(소리) 훗날 나도 따라 강 건너로 갈 것이오.
(눈물을 흘리며 넋이 나간 듯) 우리 그때 만납시다.
전하.....

95. 광천골 강가, 검각산 봉우리 − 실외/낮

홍위의 시신을 담은 자루를 옮기는 관군들.
커다란 돌을 매달아 그대로 강물을 향해 시신을
던진다. 그 위로 한명회의 소리.

한명회   (소리) 노산의 시체를 거두거나 장사를 지내는 자들은
누구를 막론하고 삼족을 멸할 것이다.

먼발치 절벽 끝에 서서 그 모습을 지켜보고 있는
헝클어진 머리의 매화. 씬78의 홍위의 서찰을 보는
매화의 인서트. 그 위로 홍위의 소리.

홍위   (소리) 내가 걸음마를 시작했을 때부터 그대는 나와
함께 했다. 그대는 나의 벗이요. 누이요. 어머니였다.
그 고마웠던 시절을 뒤로하고 나는 길을 떠날 것이다.
먼 훗날 다시 태어나면 그때도 나의 벗이 되어주면
좋겠구나. 나도 기꺼이 그대의 벗이 될 것이다.

슬픈 눈으로 고개를 들어 하늘을 보다가 지그시 눈을
감더니 프레임 아웃된다. 그리고 풍덩하는 소리.

96. 광천골 − 실외/낮

홍도와 마을 사람들이 마을 한가운데로 모인다.

짐을 가득 싣고 마을로 들어서는 당나귀 떼의 행렬을
보고 놀라는 사람들.

윤노인   이게 무엇입니까?

영월군수   전하께서 광천골에 하사하라 보내신 것이다. (이해가
안 되는 듯) 어쨌든 주상 전하의 하해와 같은 성은에
망극하여라.

물끄러미 생각에 잠겨 있던 홍도, 몸을 돌린다.

홍도   성은이 망극하옵니다! 전하.

배소 쪽을 향해 엎드려 절을 한다.

영월군수   무식한 놈... 한양은 그쪽이 아니다!

하는데 마을 사람 모두 홍도가 향한 쪽으로 절한다.

사람들   전하, 성은이 망극하옵니다!

97. 청령포 배소 - 실외, 실내/낮

인적이 없는 빈 배소.
홍위가 앉아 있던 빈자리의 열린 창 너머로 꽃나무가
보인다.

98. 광천골 강가 - 실외/낮

가뭄이라 얕은 물 위를 떠내려오는 자루. (홍위의 시신).
그리고 그 앞으로 저벅저벅 걸어오는 누군가의 다리.
물 위에 떠가는 시신을 잡는 손. 카메라, 틸업하면
태산과... 홍도다. 저 멀리 배소 쪽을 바라보는 슬픈
얼굴의 홍도.
유유히 흐르는 강물에 파란 하늘이 비친다.

99. 야산 - 실외/낮

흰쌀밥과 국에서 김이 모락모락 피어오르고 있다.
비석도 없는 조그만 홍위의 봉분 앞에서 큰절을
올리고 있는 홍도와 태산.

홍도   (태산에게) 한양까지 길이 험하니, 무사히 다녀와라.
태산   (끄덕이고는 봉분을 향해) 잘 치르고 오겠습니다.
스승님.

태산이 홍도에게도 허리를 굽혀 인사하고 길을
떠난다.
태산의 뒷모습을 보다가 다시 홍위의 봉분으로
시선을 돌리는 홍도.
그리움과 회한이 뒤섞인 홍도의 얼굴에서 화면
서서히 암전되고 암전 상태에서 자막이 떠오른다.

魯山者請自當之以一條弓絃繼長從座後窓穴而引之時年十七貢生
行未出門九竅流血卽斃侍女從人爭投郡之東江浮屍滿江是日雷雨
大作咫尺不辨人物烈風拔木黑霧滿空經夜不散.

통인(通引) 하나가 항상 노산을 모시고 있었는데, 스스로
할 것을 자청하고 활줄에 긴 노끈을 이어서, 앉은 좌석 뒤의
뭍으로 그 끝을 잡아당겼다. 그때 단종의 나이 17세였다.

연려실기술 제4권 단종조 고사본말

魯山君之遇害, 無人收(視), 郡吏嚴興道卽往哭臨,
自備棺槨, 而斂葬之, 卽今所謂魯墓也.

노산군이 해를 입었을 때 아무도 거두어 돌보지 않았었는데,
그 고을 아전 엄흥도가 곧바로 가서 곡하고, 스스로
관곽을 준비해 염하여 장사를 치렀으니, 지금의 노묘가
바로 그 묘이다.

조선왕조실록 중 현종 10년 1월 5일 현종실록

스토리보드

#91~#99

조성환

왕과 사는 남자	91	영월 관아 앞	D	O
		관아 앞에 모여 있는 사람들, 태산이 뛰어 들어간다	DAY 34	2 cut

C# 1

화면 밝아지면 관아 앞에 몰려있는
사람들이 보인다.

C# 2-1

사람들을 헤치고 관아로 뛰어 들어가는
태산. (아픈 다리를 절뚝이며)

C# 2-2

그 위로 '대역죄인 이홍위는... 사약을
받으라!'라는 소리.

왕과 사는 남자	92	관풍헌 – 마당, 방 안	D	O
		교지를 펼치는 금부도사, 방문이 잠겨있자 흥도가 나선다. 그때 방문으로 활줄이 나오고, 줄을 당기는 흥도	DAY 34	36 cut

C# 1   A 마당

마당에 덩그러니 놓여 있는 반상 위의 사약.

C# 2

그 앞에서 교지를 펼치는 금부도사.

C# 3-1   C# 3-2

C# 4

마당에는 망연자실한 흥도를 비롯한 광천골 사람들과 백성들이 모여 있고 그 옆으로 태산이 선다.

C# 5

(주저 앉아 울고 있는 매화)

135

왕과 사는 남자	92	관풍헌 – 마당, 방 안	D	O
		교지를 펼치는 금부도사, 방문이 잠겨있자 홍도가 나선다. 그때 방문으로 활줄이 나오고, 줄을 당기는 홍도	DAY 34	36 cut

C# 6

금부도사 (눈시울이 붉어진 채 떨리는
목소리로) 역적 이흥위는
주상전하의 하해와 같은 성은에도
불구하고 금성대군을 비롯한
일당들과 함께 천인공노할 역모를
꾀하였다. 이에 사약을 내리노라.
(교지를 접고 흥위의 거처를 향해)
어명이니 어서 나와 사약을 받으라!

그렇지 않으면...
강제로 먹일 것이다....!

C# 7

C# 8

(금부도사 말에 웅성대는 사람들)

C# 9

C# 10   B 방 안

방 안.
미동도 없이 꿋꿋한 모습으로
자리에 앉아 있는 흥위.

왕과 사는 남자	92	관풍헌 – 마당, 방 안		D	O
		교지를 펼치는 금부도사, 방문이 잠겨있자 흥도가 나선다. 그때 방문으로 활줄이 나오고, 줄을 당기는 흥도		DAY 34	36 cut

C# 11

C# 12   마당

다시 마당.
태산과 마을 사람들이 안타까움과
무기력함에 어쩔 줄을 몰라 하는 사이.

C# 13-1

방안의 홍위가 여전히 반응이 없자 옆에 선
관군들에게 고갯짓하는 금부도사.

금부도사 죄인을 끌어내라!

C# 13-2   (관군 4명 이동)

C# 14

왕과 사는 남자	92	관풍헌 – 마당, 방 안	D	O
		교지를 펼치는 금부도사, 방문이 잠겨있자 흥도가 나선다. 그때 방문으로 활줄이 나오고, 줄을 당기는 흥도	DAY 34	36 cut

C# 15

관군들이 문을 열려고 하는데 문이 잠겨
있다.

C# 16

문을 부수려고 하는 관군들.
그때, 방 안에서 벼락같은 흥위의 고함이
터져 나온다.

흥위   (소리) 네 이놈들!!

C# 17

무엄하다!

C# 18-1

감히 왕족의 거처를 부수려 하느냐!

흥위의 벼락같은 호령의 기세에 눌려 어찌할
바를 모르는 관군들.
금부도사 역시 당혹스러워하는데...

C# 18-2

'이런 육실헐!'하는 소리.
마당의 일동, 고개를 돌려보면

왕과 사는 남자	92	관풍헌 – 마당, 방 안		D	O
		교지를 펼치는 금부도사, 방문이 잠겨있자 홍도가 나선다. 그때 방문으로 활줄이 나오고, 줄을 당기는 홍도		DAY 34	36 cut

C# 19-1

씩씩거리고 있는 홍도다.
광인처럼 등장한 홍도가 말릴 새도 없이
관군들을 헤치고 방 앞으로 다가간다.

C# 19-2

홍도   (다 들으란 듯이 고래고래) 천하의
         역적 하나 어찌지 못하고 이게
         무슨 꼴이오?

일동   ?

C# 20

홍도   (금부도사에게) 제게 잠시만
         시간을 주시면 저 죄인을
         끌어내겠습니다.
         나으리!

C# 21

금부도사, 관군들에게 뒤로 빠지라는
손짓하면.

C# 22

왕과 사는 남자	92	관풍헌 – 마당, 방 안	D	O
		교지를 펼치는 금부도사, 방문이 잠겨있자 흥도가 나선다. 그때 방문으로 활줄이 나오고, 줄을 당기는 흥도	DAY 34	36 cut

C# 23

흥도가 문 앞에 바짝 얼굴을 들이민다.

흥도   나으리, 보수주인 엄흥돕니다!
시간이 되었습니다.
이제 강을 건너가셔야 할 땝니다!!

C# 24

(차마 나오지 않는 말을 억지로
쏟아내는)
제가 나으리를 건너게
해드리겠습니다! 가십시다, 나으리!

C# 25

C# 26

C# 27

충혈된 눈으로
굳게 닫힌 방문을 바라보는 흥도.
순간 방문 창호지 한켠이 뚫리더니

狐와 사는 남자	92	관풍헌－마당, 방 안	D	O
		교지를 펼치는 금부도사, 방문이 잠겨있자 흥도가 나선다. 그때 방문으로 활줄이 나오고, 줄을 당기는 흥도	DAY 34	36 cut

C# 28

긴 활줄이 뱀처럼 늘여져 나온다.

C# 29

도

C# 30

활줄을 집어 드는 흥도.

C# 31-1

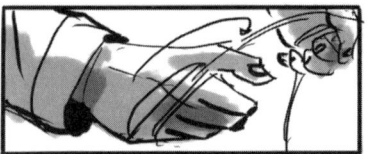

손에 매듭처럼 묶더니

C# 31-2

황과 사는 남자	92	관풍헌 – 마당, 방 안	D	O
		교지를 펼치는 금부도사, 방문이 잠겨있자 흥도가 나선다. 그때 방문으로 활줄이 나오고, 줄을 당기는 흥도	DAY 34	36 cut

C# 32

잡아당기기 시작한다!

C# 33

태산과 마을 사람들 놀라 흥도를 바라보는!

C# 34

막동아재 뭐하는 거야...왜 저래!

모두들, 당황해하며 영문을 모르는 얼굴로 보기만 하는데,

C# 35

더욱 힘껏 활줄을 당기는 흥도.

C# 36

핏빛으로 충혈되어 있는 흥도의 눈동자에서.

왕과 사는 남자	93	관풍헌 안채	N	O
		흥도에게 죽여달라고 부탁하는 흥위	DAY 32	7 cut

C# 1-1　　　　A 방 안

씬89 이후 상황.

C# 1-2

흥위가 흥도의 손을 꼭 붙잡고 있다.
퍼뜩 고개 들어 흥위를 바라보는 흥도.

C# 2

흥위　때가 되면 그대 손으로 날
　　　죽여달라.

C# 3

흥도　!!!!

C# 4

흥위　저들 손에 죽긴 싫다.
　　　저들이 내린 사약에 죽는 건 죽어도..

| 왕과 사는 남자 | 93 | 관풍헌 안채 | N | O |
| | | 흥도에게 죽여달라고 부탁하는 홍위 | DAY 32 | 7 cut |

C# 5   B 방 앞

문 밖에서 눈물을 흘리는 매화.

C# 6

흥도   (뭐라 말을 하지 못하고 그저 눈물만)

C# 7

홍위   부탁이오.
그대의 손으로 강을 건너게 해주오.

왕과 사는 남자	94	관풍헌 – 마당, 방 안	D	O
		활줄을 잡고 절규하며 당기는 흥도. 관풍헌에 적막이 찾아온다	DAY 34	18 cut

C# 1-1　　　　　A 방 밖

이를 악물며 줄을 당기는 흥도.

C# 1-2

C# 2

괴물 같은 흥도의 모습에 너무 놀라
지켜보기만 하는 사람들.
모든 사실을 아는 매화는 그저 하염없는
눈물을 흘리고 있다.

C# 3

C# 4

흥위가 몸부림이라도 치는지
활줄이 흔들리기 시작하더니

145

왕과 사는 남자	94	관풍헌-마당, 방 안	D	O
		활줄을 잡고 절규하며 당기는 흥도.	DAY	18
		관풍헌에 적막이 찾아온다	34	cut

C# 5-1

(팽팽해지는 줄이 흔들리며 문의 나뭇살이
부러진다)

C# 5-2

C# 6

흥도가 끌려간다.

C# 7-1

활줄을 놓치는가 싶더니 더욱 꽉 움켜쥐며
절규하는.
흥도의 손이 활줄에 베여 피가 흘러내린다.

C# 7-2

흥도   조금만 참으십시오! 나으리.

꽃과 사는 남자	94	관풍헌 – 마당, 방 안		D	O
		활줄을 잡고 절규하며 당기는 흥도. 관풍헌에 적막이 찾아온다		DAY 34	18 cut

C# 8-1   B 방 안

방 안. 눈물이 맺혀있는 홍위의 눈동자.

C# 8-2

C# 9   방 밖

흥도   이제 곧 강을 건너 강가에
       도착할 것입니다...

C# 10-1

터질 것 같은 팔뚝의 힘줄...끊어질 듯
팽팽한 활줄...

C# 10-2

(홍위가 쓰러지며 창호지가 밑으로 찢어진다)

왕과 사는 남자	94	관풍헌 - 마당, 방 안	D	O
		활줄을 잡고 절규하며 당기는 흥도. 관풍헌에 적막이 찾아온다	DAY 34	18 cut

C# 11

더 이상 버틸 수 없다 여기는 순간 느닷없이
관풍헌에 적막이 찾아온다.

C# 12   고속

이때부터 화면 고속으로 바뀌며
흥도의 손에 감긴 활줄이 스르륵 풀려나가고.

C# 13   고속

흥도가 끌려간다.

C# 14   고속

C# 15   고속

(관군들에게 방으로 들어가라는 지시하는
금부도사)

| 光과 사는 남자 | 94 | 관풍헌 – 마당, 방 안 | D | O |
| | | 활줄을 잡고 절규하며 당기는 흥도.
관풍헌에 적막이 찾아온다 | DAY
34 | 18
cut |

C# 16-1 　　　　　고속

(군졸들이 지나가며 매화 얼굴이 가려지고)

C# 16-2 　　　　　고속

C# 17 　　　　　고속

그제야 관군들이 방문을 부수며 안으로
진입한다.

149

왕과 사는 남자 94	관풍헌 – 마당, 방 안	D	O
	활줄을 잡고 절규하며 당기는 홍도. 관풍헌에 적막이 찾아온다	DAY 34	18 cut

C# 18-1 　　　　　고속

C# 18-2

(문이 뜯겨 나가며 관군들이 들어오고 마루에 있는 홍도가 일어난다)

C# 18-3

우두커니 선 채 방안을 바라보는
홍도의 슬픈 눈..
뒤쪽에서 홍도를 밀치며 안으로
들어가는 사람들.

C# 18-4

홍도　　(소리)
　　　　훗날 나도 따라 강 건너로 갈 것이오.
　　　　(눈물을 흘리며 넋이 나간 듯)
　　　　우리 그때 만납시다. 전하.....

왕과 사는 남자	95	광천골 강가 – 검각산 정상	D	L
		홍위의 시신이 담긴 자루에 돌을 매달아 강물에 던지는 관군들. 먼발치에서 눈을 감는 매화, 풍덩하는 소리	DAY 35	9 cut

C# 1   A 광천골 강가

홍위의 시신을 담은 자루를 옮기는 관군들.

C# 2

C# 3

커다란 돌을 매달아 그대로 강물을 향해 시신을 던진다. 그 위로 한명회의 소리.

C# 4

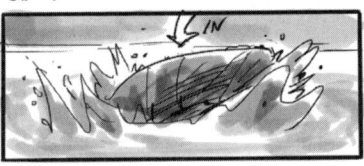

한명회   (소리) 노산의 시체를 거두거나 장사를 지내는 자들은 누구를 막론하고 삼족을 멸할 것이다.

C# 5   B 검각산 정상

먼발치 절벽 끝에 서서 그 모습을 지켜보고 있는 헝클어진 머리의 매화.

왕과 사는 남자	95	광천골 강가 – 검각산 정상	D	L
		홍위의 시신이 담긴 자루에 돌을 매달아 강물에 던지는 관군들. 먼발치에서 눈을 감는 매화, 풍덩하는 소리	DAY 35	9 cut

C# 6

C# 7   C 홍위 방 안 (S#78)

씬78의 홍위의 서찰을 보는 매화의 인서트.
그 위로 홍위의 소리.

홍위   (소리) 내가 걸음마를 시작했을
       때부터 그대는 나와 함께 했다.
       그대는 나의 벗이요. 누이요.
       어머니였다. 그 고마웠던 시절을
       뒤로하고 나는 길을 떠날 것이다.
       먼 훗날 다시 태어나면 그때도
       나의 벗이 되어주면 좋겠구나. 나도
       기꺼이 그대의 벗이 될 것이다.

C# 8

C# 9-1   B 검각산 정상

슬픈 눈으로 고개를 들어 하늘을 보다가
지그시 눈을 감더니 프레임 아웃된다.

C# 9-2

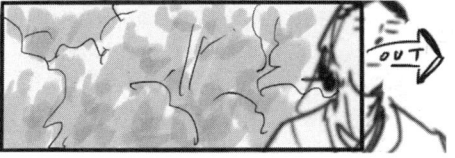

그리고 풍덩하는 소리.

왕과 사는 남자	96	광천골 – 느티나무 아래		D	O
		광천골에 하사품을 가져오는 영월군수, 배소를 향해 절을 하는 광천골 사람들		DAY 36	8 cut

C# 1-1

(느티나무에 어느덧 더 많은 호패들이
걸려 있다)

C# 1-2

홍도와 마을 사람들이 마을 한가운데로
모인다.

C# 2

짐을 가득 싣고 마을로 들어서는 당나귀
떼의 행렬을 보고 놀라는 사람들.

C# 3

윤노인   이게 무엇입니까?

C# 4

영월군수 전하께서 광천골에 하사하라
         보내신 것이다. (이해가 안 되는
         듯) 어쨌든 주상 전하의 하해와
         같은 성은에 망극하여라.

왕과 사는 남자	96	광천골 – 느티나무 아래	D	O
		광천골에 하사품을 가져오는 영월군수, 배소를 향해 절을 하는 광천골 사람들	DAY 36	8 cut

C# 5-1

물끄러미 생각에 잠겨 있던 홍도.

C# 5-2

몸을 돌린다.

C# 6

홍도　　성은이 망극하옵니다! 전하.

C# 7-1

배소 쪽을 향해 엎드려 절을 한다.

영월군수　무식한 놈... 한양은 그쪽이 아니다!

C# 7-2

하는데 마을 사람 모두 홍도가 향한 쪽으로
절한다.

사람들　전하, 성은이 망극하옵니다!

154

왕과 사는 남자 | 96 | 광천골 – 느티나무 아래 | D | O

광천골에 하사품을 가져오는 영월군수, 배소를 향해 절을 하는 광천골 사람들 | DAY 36 | 8 cut

C# 8-1

C# 8-2

왕과 사는 남자	97	청령포 배소 – 전경, 홍위 방	D	O
		햇살이 드리우는 빈 배소. 홍위가 나간 창문이 열려 있고 꽃나무가 보인다	DAY 36	2 cut

C# 1 　　　　　A 전경

인적이 없는 빈 배소.

C# 2 　　　　　B 홍위 방

홍위가 앉아 있던 빈자리의 열린 창 너머로 꽃나무가 보인다.

狼과 사는 남자	98	광천골 강가	D	L
		물 위를 떠내려오는 자루를 잡는 흥도	DAY 37	7 cut

C# 1-1

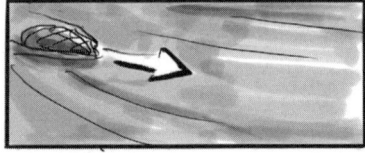

가뭄이라 얕은 물 위를 떠내려오는 자루.
(홍위의 시신).

C# 1-2

그리고 그 앞으로 저벅저벅 걸어오는
누군가의 다리.

C# 2

물 위에 떠가는 시신을 잡는 손.

C# 3

C# 4-1

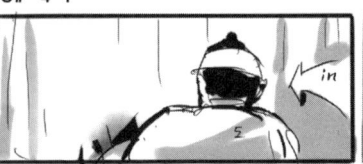

C# 4-2

카메라, 틸업하면 ... 흥도다. (뒤돌아보는 흥도)

왕과 사는 남자	98	광천골 강가	D	L
		물 위를 떠내려오는 자루를 잡는 흥도	DAY 37	7 cut

C# 5

저 멀리 배소 쪽을 바라보는

C# 6-1

슬픈 얼굴의 흥도.

C# 6-2

C# 7-1

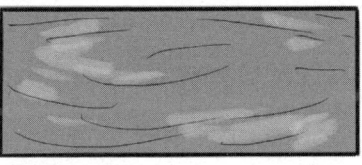

유유히 흐르는 강물에 파란 하늘이 비친다.

C# 7-2

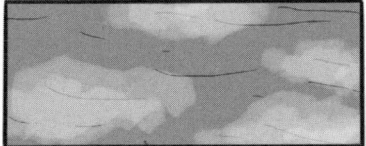

왕과 사는 남자	99	야산		D	L
		비석 없는 홍위의 봉분에 큰절을 올리고 있는 홍도와 태산, 암전		DAY 38	7 cut

C# 1

흰쌀밥과 국에서 김이 모락모락 피어오르고 있다.

C# 2-1

비석도 없는 조그만 홍위의 봉분 앞에서 큰절을 올리고 있는 홍도와 태산.

C# 2-2

C# 3

홍도　(태산에게) 한양까지 길이 험하니, 무사히 다녀와라.

C# 4

태산　(끄덕이고는 봉분을 향해) 잘 치르고 오겠습니다. 스승님.

왕과 사는 남자	99	야산		D	L
		비석 없는 홍위의 봉분에 큰절을 올리고 있는 흥도와 태산, 암전		DAY 38	7 cut

C# 5-1

태산이 흥도에게도 허리를 굽혀 인사하고 길을 떠난다.

태산의 뒷모습을 보다가

C# 5-2

다시 홍위의 봉분으로 시선을 돌리는 흥도.

C# 6

C# 7

그리움과 회한이 뒤섞인 흥도의 얼굴에서

화면 서서히 암전되고 암전 상태에서

자막 1-1

魯山者請自當之以一條弓絃繼長從座後窓穴而引之時年十七貢生行
未出門九竅流血卽斃侍女從人爭投郡之東江浮屍滿江是日雷雨大作
咫尺不辨人物烈風拔木黑霧滿空經夜不散.

자막이 떠오른다.

자막 1-2

魯山者請自當之以一條弓絃繼長從座後窓穴而引之時年十七貢生行
未出門九竅流血卽斃侍女從人爭投郡之東江浮屍滿江是日雷雨大作
咫尺不辨人物烈風拔木黑霧滿空經夜不散.

2통인(通引) 하나가 항상 노산을 모시고 있었는데, 스스로 할 것을
자청하고 활줄에 긴 노끈을 이어서, 앉은 좌석 뒤의 문으로
그 끈을 잡아당겼다.

자막 2

그때 단종의 나이 17세였다.

- 연려실기술 제4권 단종조 고사본말

자막 3-1

魯山君之遇害, 無人收(視), 郡吏嚴興道卽往哭臨, 自備棺槨,
而歙葬之, 卽今所謂魯墓也.

자막 3-2

魯山君之遇害, 無人收(視), 郡吏嚴興道卽往哭臨, 自備棺槨,
而歙葬之, 卽今所謂魯墓也.

노산군이 해를 당하였을 때 아무도 거두어 돌보지 않았는데, 그
고을 아전 엄흥도가 곧바로 가서 곡하고, 스스로 관곽을 준비해
염하여 장사를 치렀으니, 지금의 노묘가 바로 그 묘이다.

- 조선왕조실록 중 현종 10년 1월 5일 현종실록

清冷浦水面
如環周僅一里
許四面石壁峛
嚴削立以船
路只通西北一
隅而其中昔
年基址至今
宛然有
先大王朝御書
碑閣一間四方
等壇初入處
又有短碑刻
清冷浦三字
距府治八里

청령포는 수면이
고리처럼 둘러싸고 있으며, 둘레가 겨우 일 리 남짓하다.
사면이 석벽으로 우뚝하고
바위가 깎아지른 듯 서 있어, 배를 이용한 길로
오직 서북쪽
모퉁이로만 통할 수 있다. 그 안에는 옛 터의
기지(基址)가 지금까지
완연히 남아 있고,
선대 임금 조(朝)의
어서비각(御書碑閣) 한 간이 있으며,
사방에 제단 등이 있고, (단종이) 처음 들어온 곳에도 표지가 있다.
또 짧은 비석이 있어
『清冷浦』 세 글자가 새겨져 있다.
부치(영월 관아)로부터 거리는 8리이다.

단종이 1456년(세조 2) 노산군으로 강등되어 유배된 청령포의
실경을 그린 실경산수화 〈청령포도〉 중 발췌

〈청령포도〉

영월에 남겨진 단종의 유배지 자취와 충신들의 절의가 깃든
장소를 8폭으로 꾸민 어람용 화첩 《월중도》의 한 폭으로,
노산군으로 강등된 단종이 처음 유배된 청령포의 실경을
청록산수화풍으로 그렸다. 도산을 배경으로 곡수에 둘러싸인
화면 중앙에 영조 어제 비각(1763)과, 정조의 지시로
영월부사 박기정이 조성한 단종 거처 터 기단이 나타난다.

이홍위와 엄흥도의 시간

〈왕과 사는 남자〉 연표 1452–1698

1452 (문종 2년)	아버지 문종이 숨을 거두고, 이홍위가 열두 살의 나이로 왕위에 오른다.
1453 (단종 1년)	숙부인 수양대군이 계유정난을 일으켜 조정을 장악한다.
1455 (세조 1년)	수양대군이 왕위에 오르고, 이홍위는 열다섯 살에 상왕으로 물러난다.
1456 (세조 2년)	이홍위를 다시 왕위에 올리려던 사육신의 거사가 실패한다.
1457 (세조 3년)	6월 이홍위가 노산군으로 강봉되어 영월로 유배된다. 흥도는 영월의 호장으로서 청령포에서 홍위를 맞는다. 9월 금성대군이 홍위의 복위를 도모하다 실패한다. 10월 관풍헌. 흥도가 홍위의 마지막 길을 함께한다. 흥도, 홍위의 시신을 거두어 장사 지낸다.
1698 (숙종 24년)	241년 후, 이홍위는 단종으로 복위되고 엄흥도는 뒤에 충의공으로 기려진다. 현재 두 사람의 묘는 모두 영월에 있다.

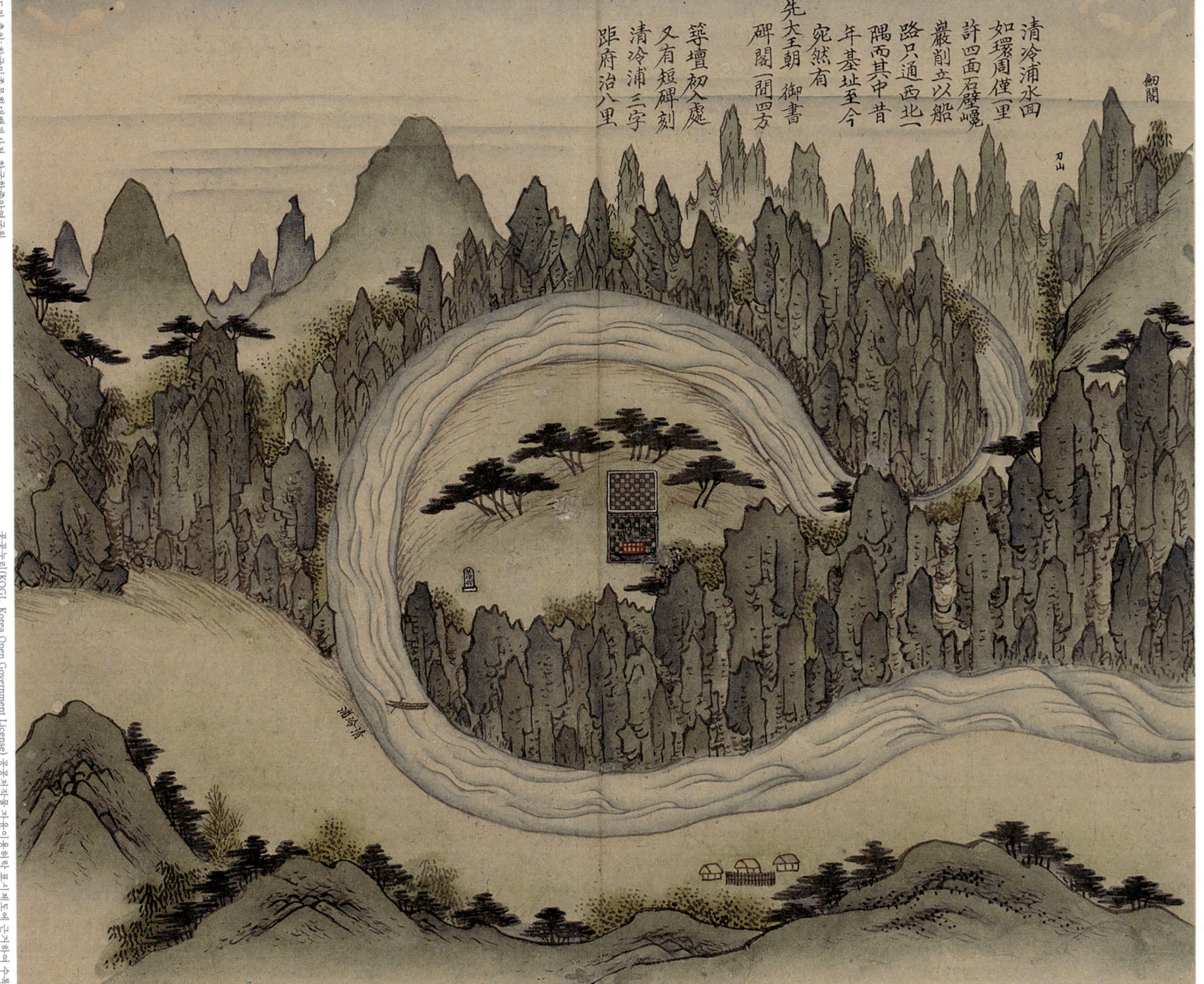

劒閣

刀山

清冷浦水回
如環周僅一里
許四面石壁嶢
巖削立以船
路只通西北一
隅而其中昔
年基址至今
宛然有
先大王朝　御書
碑閣一間四方
等壇刻人處
又有短碑刻
清冷浦三字
距府治八里

청령포도: 《월중도(越中圖)》8폭 중 제2폭, 1791년(정조 15) 경 제작 추정, 지본채색, 36.0×20.5cm, 한국학중앙연구원 장서각 소장(K2-4458).

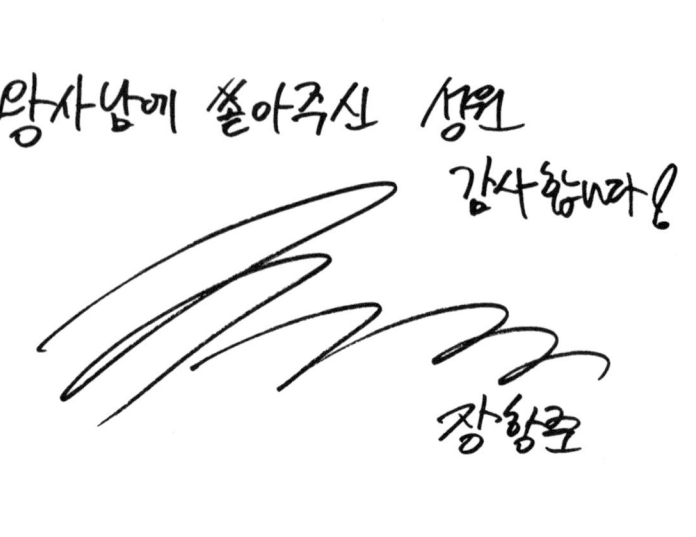

양사남에 쏟아주신 성원
감사합니다!

장항준

장항준 감독

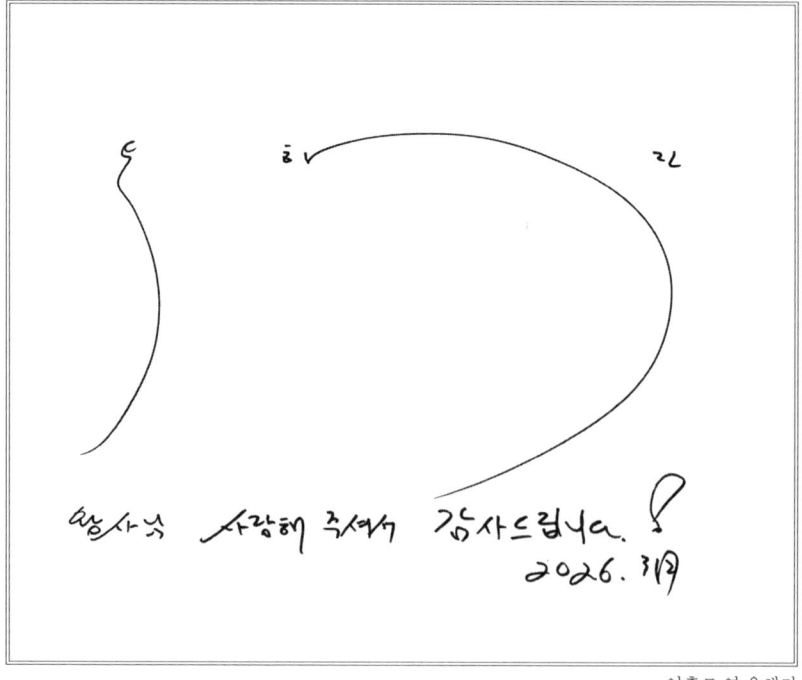

양사늦 사랑해 주셔서 감사드립니다.
2026. 3월

엄홍도 역 유해진

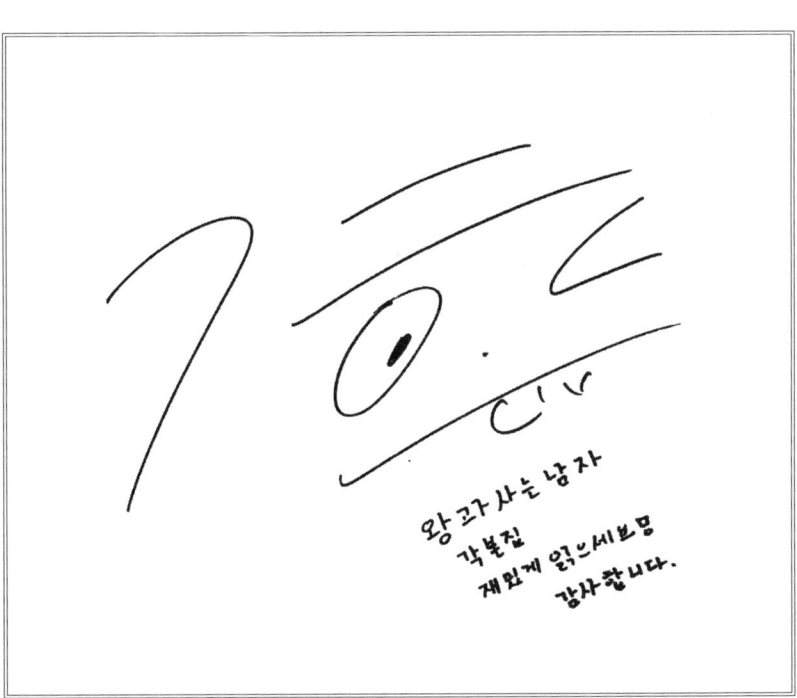

왕과가 사는 남자
각본집
재밌게 읽으세요ㅎ
감사합니다.

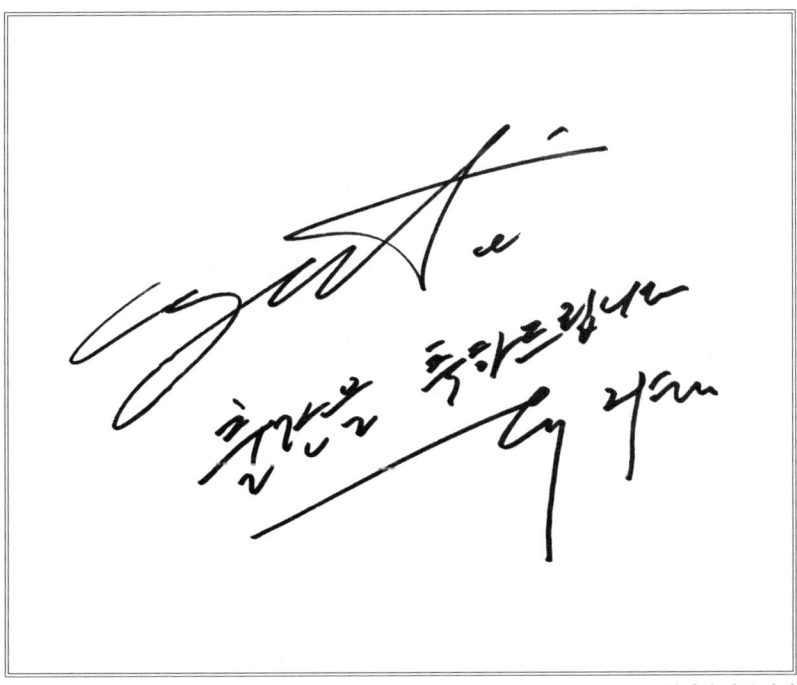

항상응 독하드립니다

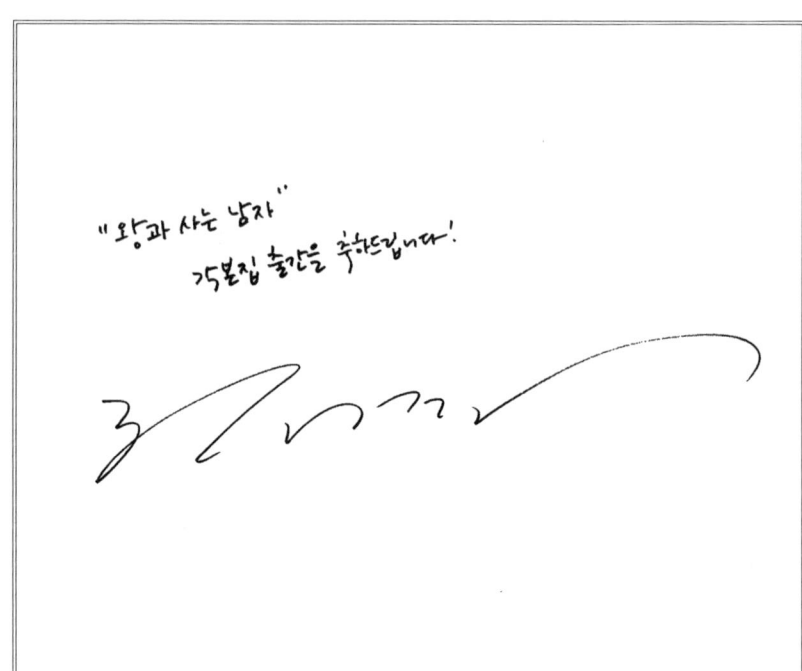

"왕과 사는 남자"
75부작 출간을 축하드립니다!

매화 역 전미도

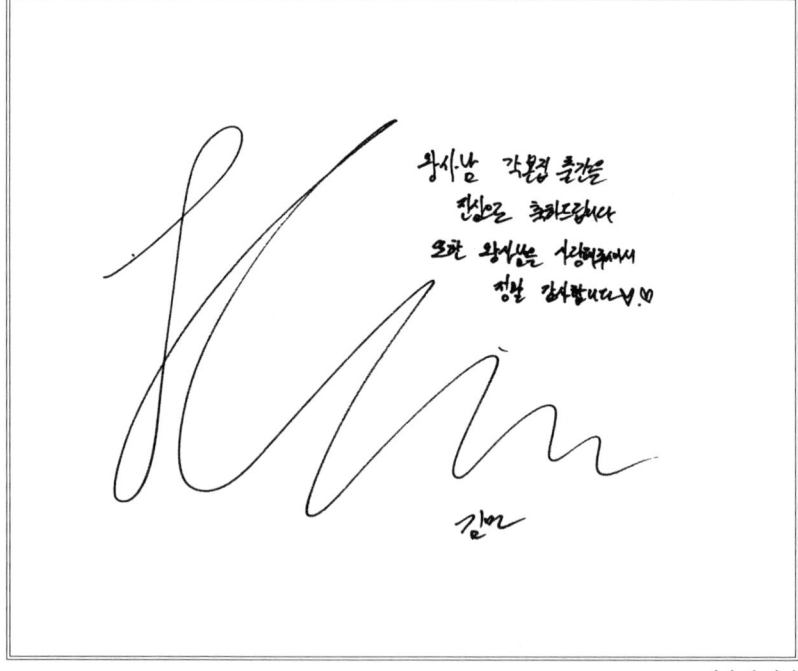

왕사남 각본집 출간을
진심으로 축하드립니다
또한 왕사남을 사랑해주셔서
정말 감사합니다 ♡

김민

태산 역 김민

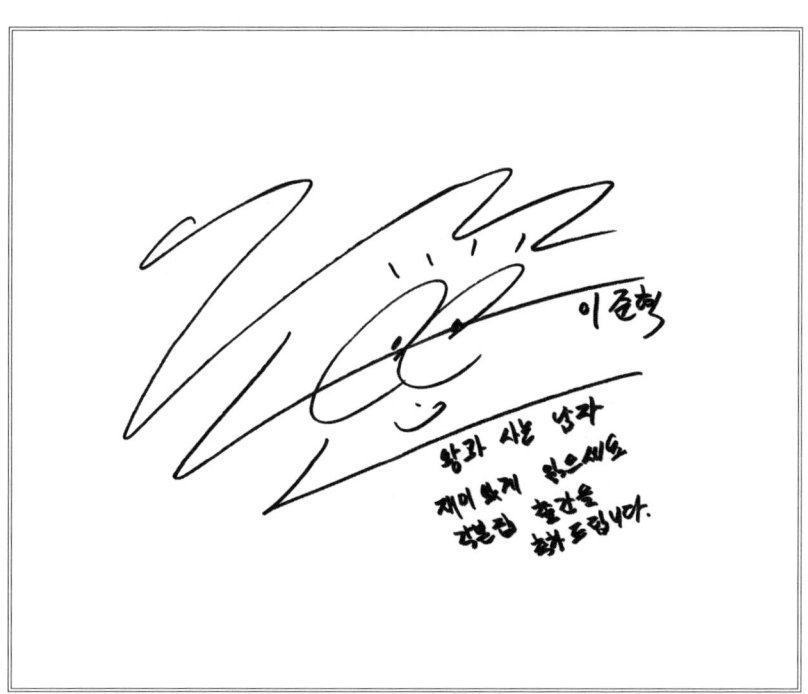

막동아재 역 이준혁

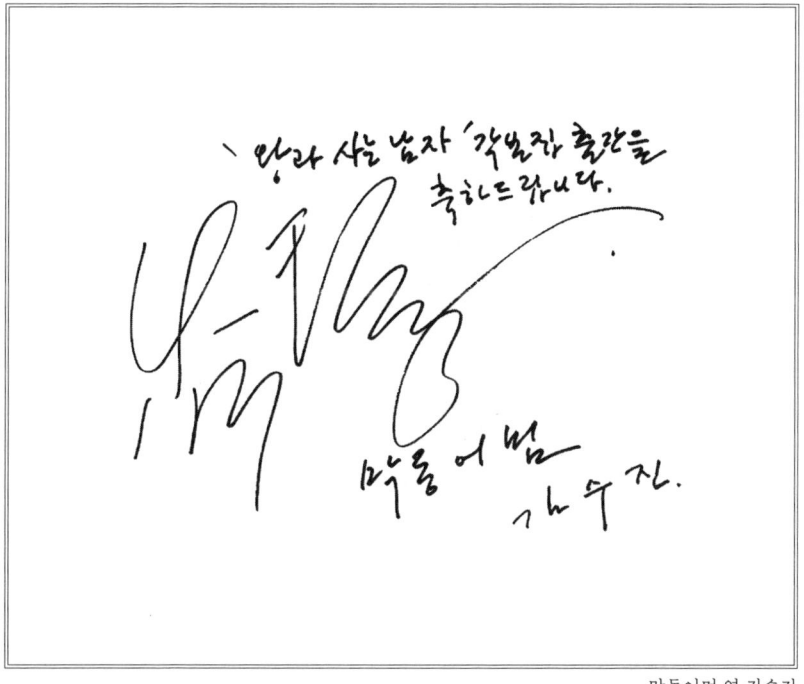

막동어멈 역 김수진

막: 막동이가 되어
동: 동행한 모든 순간이 영광이었습니다.
왕사 남 각본집과 함께 행복하세요.

—박지윤 드림—

막동이 역 박지윤

왕대사님 남자—.

영월로 지금의
처럼판을 시작하며 감동
기쁨을 잃어버리게—.
최기님을 행복하렵니다—

박지환

영월군수 역 박지환

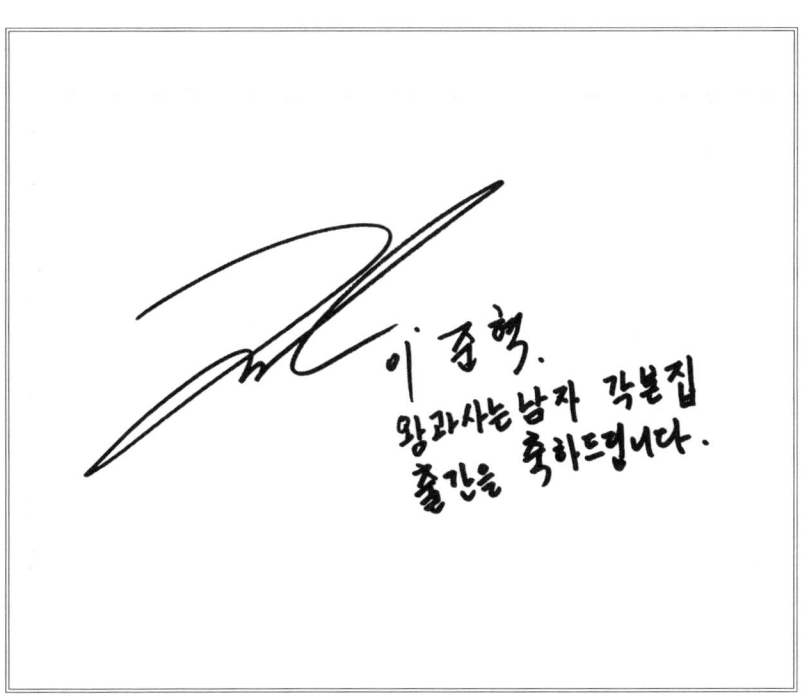

이준혁.
왕과 사는 남자 각본집
출간을 축하드립니다.

금성대군 역 이준혁

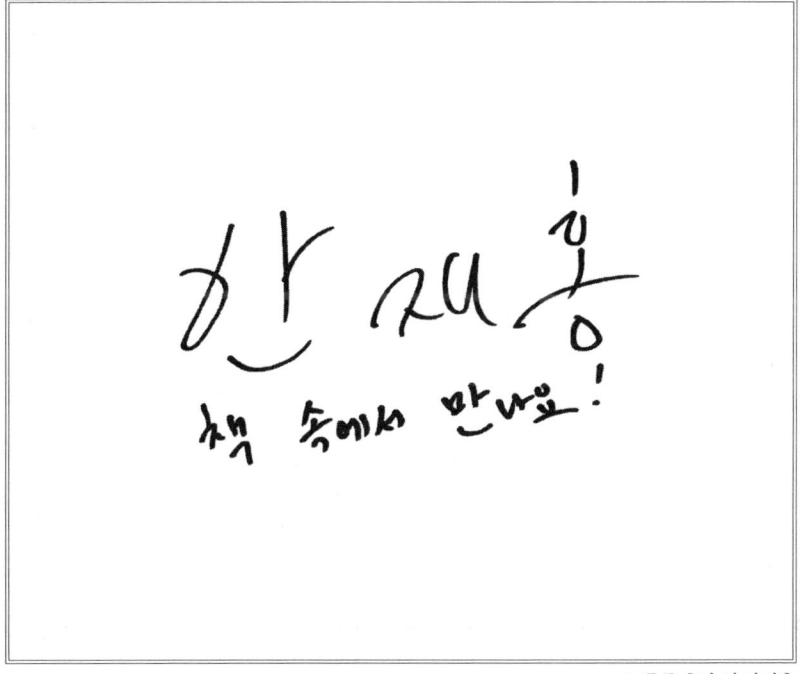

책 속에서 만나요!

노루골 촌장 역 안재홍

왕과 사는 남자 각본집
The King's Warden: The Original Screenplay

초판 6쇄 발행 2026년 4월 28일

각본 황성구 장항준
원안 정지윤
각색 이다혜 임선애

편집 백준오
교정 이보람

디자인 박민수(검정프레스)
인쇄 세걸음

포스터 소재 제공 빛나는
스토리보드 조성환(골드믹스제이)

펴낸이 백준오
펴낸곳 플레인아카이브
출판등록 2017년 3월 30일 제406-2017-000039호
주소 경기도 파주시 회동길 336-17, 302호
이메일 cs@plainarchive.com
인스타그램 @plainarchive

ISBN 979.11.90738.70.5 (03680)